KB273947

조직 활성화를 위한 코칭

조직 활성화를 위한 코칭

조직 활성화를 위한 코칭

펴   냄 2014년 10월 25일 1판 1쇄 박음 | 2014년 11월 1일 1판 1쇄 펴냄

지 은 이 박봉수

펴 낸 이 김철종

펴 낸 곳 (주)한언

등록번호 제1-128호 / 등록일자 1983. 9. 30

주   소 서울시 종로구 삼일대로 453(경운동) KAFFE 빌딩 2층(우 110-310)
            TEL. 02-723-3114(대) / FAX. 02-701-4449

책임편집 장웅진

디 자 인 송유미, 이찬미

마 케 팅 오영일, 정윤정

홈페이지 www.haneon.com

e-mail haneon@haneon.com

ISBN 978-89-5596-702-9   13320

조직 활성화를 위한 코칭

박봉수 지음

한올

코칭이 없었다면 인류가 진보하고 사회·경제·문화가 발전할 수 있었을까요? 중세 유럽에서 선배 장인과 후배 장인 간의 기술 전수 시스템이었던 도제 시스템도 코칭의 일종이라고 보면, 코칭은 '코칭(coaching)'이라는 단어가 생기기 이전부터 이미 중요한 영역에서 이루어지고 있었다고 할 수 있습니다.

도제 시스템에서 보듯이 코칭은 클라이언트(피코치자, 이하 '클라이언트'라고 함)의 문제 해결 능력을 향상시켜줄 뿐만 아니라, 코치 자신의 성장에도 많은 도움이 됩니다. 클라이언트를 코칭하려면 코치 자신도 코칭 기술은 물론, 코칭 내용까지 상세하고 깊이 있게 학습해야 하니까요. 또한 코칭은 일반적인 학습 과정과 달리 클라이언트 스스로 문제를 발견하고 해결 방안을 만들어내야 하는 자기주도적 문제 해결 과정입니다. 그러므로 클라이언트의 창조적 문제 해결 능력을 발전시켜줍니다.

코칭 과정이나 코칭 기술은 매우 다양하게 개발되거나 활용되고 있습니다. 이러한 다양성은 코칭의 발전에 있어 매우 중요한 역할을 합니다. 다만 우려되는 것은 여러 코칭 인증 기관이 코치 자격증을 무분별하게 발급하고, 이러한 자격을 갖춘 사람만이 코치 자격이 있는 것처럼 인식하게 만든다는 점입니다. 너무 획일화된 코치 자격 제도는 현장의 필요에 따른 다양한 문제를 해결하는 데 장애 요인이 되지요.

이 책은 "어떻게 하면 현장의 다양한 니즈(Needs)를 효과적으로 만족시킬 수 있는 코칭을 할 수 있을까?"에 초점을 맞추었습니다. 즉, 능력도 욕구도 다양한 클라이언트들을 어떻게 하면 자기주도적 문제 해결자로 육성할 것인가가 이 책의 주제입니다.

한번 생각해볼까요. 이 세상에서 제일 힘든 여행이 뭘까요? 남극 탐험? 달 여행? 히말라야 등반? 아닙니다. 이 세상에서 가장 힘든 여행은 자기 머리에서 발끝까지의 여행입니다.

이 책은 여러분 자신이 머리에서 발끝까지 하게 될 코칭 여행에서 길라잡이가 되어줄 것입니다. 처음부터 잘 따라 읽고 이해하면서 하나하나 적용하면 누구나 훌륭한 코치가 될 수 있을 것입니다.

이 여행에서 목적지에 무사히 도착하려면 여러분은 여섯 개의 고개를 넘어야 합니다.

첫째 고개는 '사내 비즈니스 코칭' 단계로, 코칭의 중요성과 코칭의 성공 조건에 대해 이야기하는 곳입니다.

둘째 고개는 '코칭 질문'에 대해 설명하는 단계입니다. 코칭의 핵심적인 역할을 하는 '질문법'에 대해 이야기합니다.

셋째 고개는 '코칭 커뮤니케이션' 단계로, 코치와 클라이언트 간의 효과적인 커뮤니케이션 방법에 대해 설명합니다.

넷째 고개는 스팟 코칭에 관한 것입니다. 스팟 코칭에 필요한 관찰 기술, 동기 부여 방법, 행동 유형별 코칭 방법에 대해 이야기합니다.

다섯째 고개는 프로세스 코칭인데, 코칭 단계별 주요 내용과 구체적인 실행 방법에 대해 설명합니다.

마지막 고개에서는 '그룹 코칭'에 필요한 에센스를 제공해줍니다.

코칭은 단순한 유행처럼 잠시 왔다가 사라지는 것이 아닙니다. 그룹을 책임지고 있는 리더라면 항상 관심을 갖고 코칭에 대한 지속적인 연구와 실천을 해야만 합니다. 코칭은 개인과 조직의 목표를 효과적으로 달성하게 해주는 불변의 진리라는 것을 리더들은 깨달아야 합니다.

이 책은 회사 내의, 그러니까 사내 코치들뿐만 아니라 전문 코치들도 매우 유용하게 활용할 것입니다. 아마 여러분은 이 책을 통해 비즈니스와 인간관계 형성에 영향을 미치는 자아 발견을 위한 여행을 할 수 있을 것입니다.

2014년 가을 당산에서

박 봉 수

차 례

이 책을 시작하면서 —————————————————— 5

제1부 사내 비즈니스 코칭

1. 코칭이란? ————————————————————— 15

2. 성과형 인재, 코칭으로 육성하기 ———————————— 19

　쉬어가는 페이지 – 리더는 이런 사람들을 어떻게 이끌어가야 하는가? —— 22

3. 클라이언트에게 초점 맞추기 ——————————————— 25

4. 클라이언트의 성장에 도움이 되는 코치 ————————— 28

5. 코칭의 성공 조건 ——————————————————— 32

6. 코칭·티칭·멘토링·상담·컨설팅의 차이점 ——————— 37

　요약 ——————————————————————————— 41

제2부 코칭 질문

1. 질문은 코칭의 핵심이다. ———————————————— 45

2. 코칭에서 질문이 필요한 이유는? ———————————— 49

3. 먼저 코치 자신에게 질문하라. ————————————— 55

4. 상대방의 입장에서 던지는 질문이 마음을 터놓게 한다. ——— 60

5. 가치 있는 질문을 하라. —————————————— 64

　쉬어가는 페이지 – 심리적 타성 ————————— 68

6. 효과적으로 질문하라. ———————————————— 71

7. 질문 프로세스 ——————————————————— 75

8. 질문의 유형 ———————————————————— 80

　요약 ——————————————————————————— 94

제3부 코칭 커뮤니케이션

1. 우리가 미처 몰랐던 긍정적 말의 힘 ——————— 99

2. 코칭 커뮤니케이션 ———————————————— 104

3. 클라이언트 자신이 소중한 존재라는 사실을 깨닫게 하기 —— 116

4. 불만을 제안으로 바꾸게 하기 —————————— 119

　쉬어가는 페이지 – 어느 독일 글로벌 기업의 커뮤니케이션 ——— 122

5. 두려움을 극복하도록 도와주기 ————————— 124

6. 외부 자원을 활용하도록 제안하기 ——————— 131

7. 대화를 논쟁에 빠지지 않게 하기 ———————— 134

8. 명령형을 권유형으로 바꾸어 말하기 —————— 138

9. 자극적인 표현을 부드러운 표현으로 바꾸기 ——— 141

10. 자연스럽게 말을 끊는 요령 —————————— 145

11. 맞장구로 대화 분위기 살리기 ————————— 149

12. ‘멈춤’을 활용하여 대화의 달인 되기 —————— 153

13. 상대방을 끌어들이는 최면 기술 ———————— 157

　요약 —————————————————————————— 161

제4부 스팟(Spot) 코칭

1. 스팟 코칭 VS. 프로세스 코칭 —————————— 167

2. 관찰 기술 ————————————————————— 169

3. 공감적 경청하기 ————————————————— 176

4. 피드백 기술 ——————————— 183

　　쉬어가는 페이지 – 재능과 강점을 발견하여 이를 강화하라. ——————— 192

5. 단점을 장점으로 바꾸기 ——————————— 194

6. 긍정적 정서 활용하기 ——————————— 199

7. 동기 부여하기 ——————————— 206

8. 행동 유형별 코칭 방법 ——————————— 212

　　요약 ——————————— 220

제5부 프로세스(Process) 코칭

1. 프로세스 코칭 ——————————— 225

2. CHECK ——————————— 228

3. OPEN MIND ——————————— 234

　　쉬어가는 페이지 – 상대방의 입장에서 생각하고 판단하라. ——————— 242

4. ASK ——————————— 245

5. COMMITMENT ——————————— 282

6. HELPING ——————————— 287

　　요약 ——————————— 292

제6부 사내 그룹 코칭

1. 사내 그룹 코칭의 특징 ——————————— 297

2. 그룹 코칭 진행 프로세스 ——————————— 300

3. 신뢰 구축 ——————————— 306

　　쉬어가는 페이지 – 자신의 비전을 명확히 수립하라. ——————— 309

4. 테러리스트를 전도사로 ——————————— 311

5. 각양각색의 사람들을 균형 있게 다루기 ——————————— 314

6. 성찰하기 ——————————— 317

　　요약 ——————————— 319

제1부
사내 비즈니스 코칭

제1부

사내 비즈니스 코칭

1. 코칭이란?

　코치(coach)는 원래 사람을 목적지로 운반하는 마차의 마부를 뜻하지만, 오늘날에는 '코칭을 받는 사람을 목표로 인도하는 사람'을 가리킨다. 특히 비즈니스 코칭(business coaching)이란 개인이나 조직의 '현재 성과 수준'과 '목표 성과 수준'의 차이를 줄이는 과정, 즉 클라이언트의 문제 해결을 지원하는 과정이다.

　코칭은 1970년대에 기업이 본격 도입했다. 지금보다 더 나은 능력을 갖춘 인재가 되려는 사람이 전문가인 코치와 함께 자신의 잠재력을 계발하기 위해서였다. 코칭은 코칭을 받는 사람(클라이언트)과 사내 코치(부서장 또는 사내 리더. 이하 '코치')가 수평적 관계인 파트너를 이루고서 개인의 잠재력을 계발하는 활동이다. 그러니 교육자가 우월적인 위치에서 업무 지식과 경험을 개인에게 주입시키는 멘토링(mentoring)이나 컨설팅(consulting)과는 다르다. 코칭은 코치와 클라이언트가 수평적인 관계를 이루며, 코치는 클라이언트의 눈높이에서 코칭을 실시해야 한다.

막 입사한 영업 사원이 자신의 첫째 판매 실적 보고서를 제출했다.
이 보고서를 본 영업부 간부들은 깜짝 놀랐다.

그가 쓴 보고서는 이러했다.

"나는이고세인는사람드리우리물건중에일천원짜리한개도사려고하지
안는거슬보아씀니다그러치만그드레게물건며께를파라씀니다지금은부
산으로가는중임니다."

간부들은 이 직원의 무식함에 혀를 찼고, 인사위원회에 해고하겠다
는 보고를 올렸다. 그때 부산에서 다음과 같은 메일이 왔다.

"이고세도착캐서는오억원어치를파라씀니다."

간부들은 이 직원을 해고해도 문제요, 해고를 하지 않아도 문제가
될 것 같자, 자세한 내용을 사장에게 보고했다. 다음 날 탁상공론을
좋아하던 영업부 간부들은 게시판을 보고 깜짝 놀랐다.

여러분이 이 회사 사장이라면 어떻게 하시겠습니까?
어떤 조치로 간부들의 탁상공론을 잠재우겠습니까?

영업부 간부들이 본 게시판에는 바로 그 '무식한' 영업 사원이 보내
왔던 앞서의 두 보고서와 사장이 쓴 메모가 있었다. 사장의 메모는 다
음과 같았다.

이와 같이 코치는 클라이언트의 입장에서 클라이언트의 눈높이에 맞춰 코칭을 실시해야 목표를 달성할 수 있다.

코칭은 다음과 같은 철학에서 출발한다.

» 인간은 무한한 잠재력을 가지고 있다.

» 문제의 해답은 그 문제를 가진 사람이 가장 잘 알고 있다.

» 코치는 함께 해답을 찾아가는 동반자이다.

코칭을 실시하면 클라이언트의 문제 해결 능력과 경력 개발을 도울 수 있으며, 협력적인 태도와 긍정적인 조직 문화도 형성할 수 있다. 그럼으로써 구성원들의 사기를 높일 수 있다.

그러면 코칭은 언제 실시하면 좋을까? 코칭은 '부하가 문제를 인식하고 상담을 요청할 때', '부하의 문제를 감지한 후', '공동의 목표, 혹은 성장 계획을 만들 때', '클라이언트의 성과에 불만이 있을 때', '회사

가 변화하고 있을 때', '부하의 역량을 개발해야 할 때' 실시하면 효과
적이다.

코칭은 크게 스팟 코칭과 프로세스 코칭으로 나눌 수 있으며, 세부
적인 방법론에 대해서는 뒤에서 구체적으로 설명하겠다.

2. 성과형 인재, 코칭으로 육성하기

코칭 역량은 리더들이 반드시 확보해야 할 요소다. 왜냐하면 구성원 스스로 문제를 인식하고, 자기주도적으로 과제를 해결할 때 가장 높은 성과를 이루기 때문이다.

인간은 기본적으로 명령이나 지시를 받거나 억압당하는 것을 싫어한다. 상대가 아무리 상사라도 "김 대리, 이것 좀 해!", "박 과장, 이렇게 하라고!"라는 말투로 명령하고 지시하면 적극적으로 행동하지 않고, 자발적으로 실행하지도 않는다. 반면 "어떤 방법이 가장 좋을까?"처럼 클라이언트의 생각을 묻는 질문은 피코자들을 매우 능동적으로 행동하게 함으로써 높은 결과를 만들어낸다.

티칭(Teaching), 즉 가르치는 것도 코칭의 한 분야이다. 클라이언트가 스스로 답을 얻을 수 있는 수준까지는 코치의 티칭도 필요하다. 그러나 클라이언트가 어려운 상황에 직면할 때마다 대놓고 답을 주면 리더가 지시를 내릴 때까지 클라이언트는 대강 눈치만 보면서 적극적으로 움직이지는 않는 사람이 될 것이다. 결국 이런 클라이언트들은 코치가 직접 답을 가르쳐주지 않으면 어떤 문제도 해결할 수 없다.

많은 관리자와 경영자가 스스로 문제를 해결하는 사람을 '성과형 인재(High Performer)'라고 말한다. 그리고 "이러한 인재가 우리 회사에도 정말 필요한데…, 어디에도 없어요" 하고 얘기한다. 허나 실은 그들 스스로 이와 같은 인재를 육성하는 데 소홀하다.

그러면 왜 스스로 생각하고 행동하는 인재가 필요할까? 많은 사람에게 이런 질문을 하면 돌아오는 대답은 대부분 다음과 같다.

"고객의 니즈가 다양하게 변화하고 있기 때문이지. 따라서 이러한 변화에 신속히 대응할 수 있는 사람이 필요해."

"시장의 환경이 급격히 변하고 있어요. 빠르게 대응하지 않으면 경쟁에서 도태된다구요."

그들은 이와 같이 시대가 요구하는 인재상을 매우 잘 알고 있다. 산업 혁명 이전, 그러니까 니즈가 공급을 앞지르던 시절에는 뭐든 만들기만 하면 팔렸다고 한다. 즉, 공급자가 '갑'의 위치에, 구매자가 '을'의 위치에 있던 시대다. 이 시대에는 고객의 요구는 무시되었다. 한번 만든 제품을 개선할 필요가 없었으며, 신제품을 개발할 필요도 물론 없었다. 변화와 속도에 민감하지 않아도 기업은 번영과 생존이 가능했다. 주어진 매뉴얼을 잘 따라 하는 사람이 과업을 잘 수행하는 사람으로 인정받았다.

그러나 지금은 고객의 요구도 다양하고 급격하게 변화하고 있다. 과거와 같은 방식으로는 경쟁에서 살아남을 수 없다. 소비자 한 사람 한 사람의 마음속 깊은 곳까지 파악해야 살아남기라도 할 수 있는 시대가 온 것이다. 이러한 시대에는 고객 개개인이 무엇을 원하는지 무슨 수를 써서든 알아내지 못하면 도태된다. 다양한 상품과 서비스가 넘쳐나니, 소비자는 구매처를 바꾸기만 하면 되기 때문이다.

그렇기에 고객과의 접점에 있는 현장 사람들이 답을 쥐고 있는 경우가 많다. 그들은 고객의 불만 사항이 무엇이고, 무엇을 필요로 하는지 매우 잘 알고 있다. 고객의 불만 사항이나 욕구에 신속히 대응하려면 현장 사람들이 관리자의 명령과 지시만을 기다려서는 안 된다. 그들 스스로 문제를 미리 발견하고 해결 방안을 즉시 마련해야 한다. 이와 같이 '스스로 문제를 찾아내고 해결하는 인재', 즉 성과형 인재를 육성하는 데는 코칭이 필요하다.

특히 리더에게는 코칭이 선택이 아니라 '필수'다. 코칭에 관심이 없거나 코칭 역량이 부족해도 리더가 된 이상 이를 피할 수 없다. 물론 리더가 코칭을 잘 하면 클라이언트 스스로 답을 찾고 움직일 테니, 리더 자신도 편해진다.

그렇다고 해서 코칭에 특별한 기술이 필요한 것도 아니다. 리더가 그저 "자네는 어떻게 생각하나?"라는 한마디만 던져도 클라이언트를 성과형 인재로 거듭날 수 있다.

리더는 이런 사람들을 어떻게 이끌어가야 하는가?

독일의 전략가 한스 폰 젝트(1866~1936)는 군인의 유형을 네 가지로 분류했다. 젝트식 분류는 각종 자기계발서 에서 관리자 유형 분류에 차용되고 있다. 일반적으로 똑부, 똑게, 멍부, 멍게로 구분한다. 한스 폰 젝트가 분류한 군인의 유형은 다음과 같다.

» 제1 유형: 명석한 머리와 부지런함을 갖춘 군인

– 똑부: 똑똑하고 부지런한 사람

» 제2 유형: 명석한 머리를 가졌으나 게으른 군인

– 똑게: 똑똑하지만 게으른 사람

» 제3 유형: 머리는 나쁘지만 부지런한 군인

– 멍부: 멍청하지만 부지런한 사람

» 제4 유형: 머리도 나쁘고 게으른 군인

– 멍게: 멍청하고 게으른 사람

　네 가지 유형 중 조직에서 가장 바람직한 사람은 어떤 유형일까? 이런 질문을 받으면 많은 사람이 제1 유형이라고 대답한다. 그러나 실제로는 그렇지 않다. 제1 유형은 명석하고 부지런하면서도 사람들과 좋은 관계를 맺지 못하는 편이기 때문이다.

　제1 유형의 팀원에게는 어떤 역할을 부여하는 것이 좋을까? 명석하고 성실하니 전략을 수립하고 팀장을 보좌하는 참모 역할을 부여하는 것이 좋다. 코치는 이런 유형의 팀원들이 사람들과의 관계를 증진할 수 있도록 관련 역량을 개발시켜주어야 한다.

　제2 유형은 전략의 방향을 설정하고, 수립된 전략을 판단하며 적절한 지시를 하는 데 뛰어나다. 또한 이 유형은 명석한 두뇌를 소유하고 있으며, 이해관계자들과 좋은 관계를 맺는 데 탁월하다. 따라서 이들은 긴급하고 중요한 프로젝트의 야전 사령관을 맡으면 과업을 훌륭하게 마무리한다. 아울러 맡은 임무를 자기주도적으로 성실히 수행하기 때문에 팀장의 지지와 격려만으로도 훌륭한 기둥으로 성장할 수 있다.

　제3 유형은 지휘부의 명령을 무조건 따르는 스타일이다. 그러니 제2 유형과 한 조가 되어 업무를 수행하게 하면 자연스럽게 성과와 연결지을 수 있다. 코치는 이들이 업무와 관련된 지식과 스킬을 향상하게끔 관심을 기울여야 한다.

제4 유형은 지휘부의 전략을 잘못 이해하고 엉뚱한 일을 부지런히 수행한다. 따라서 이러한 행동의 원인을 명확히 규명해야 할 필요가 있다. 만일 역량이 부족한 것이 원인이라면 팀장은 이들이 역량을 개발할 수 있도록 관심을 갖고 지원해야 한다. 또한 태도가 문제 발생의 원인이라면 올바른 가치관을 가질 수 있도록 코칭해야 한다. 이렇듯 원인을 제거하는 노력을 기울였음에도 불구하고 문제가 개선되지 않으면 사직을 권고해야 한다.

3. 클라이언트에게 초점 맞추기

코칭에 있어 가장 중요한 사람은 누구일까? 물론 코치와 클라이언트 모두 중요하다. 그런데 코칭에서는 "누가 더 중요한가?"보다 "누구에게 초점을 맞춰야 할까?"가 핵심이다. 왜냐하면 코칭이란 클라이언트 스스로 자신의 문제를 인식하고 자기주도적으로 문제를 해결하도록 도와주는 과정이기 때문이다. 즉, 문제 해결의 주체는 클라이언트 자신인 것이다.

코칭의 효과가 가장 높은 클라이언트는 누구일까? 바로 '중간 정도의 성과'를 내는 사람들이다. 그러면 태도와 능력이 하위에 속하는 사람과 상위에 속하는 사람은 어떻게 코칭하면 좋을까? 능력이 부족한 사람은 능력에 대한 티칭 후 코칭하면 되고, 태도에 문제가 있는 사람은 태도에 대한 티칭 후 코칭하면 된다.

의욕이 충만하고 적극적이며 능력도 뛰어나 높은 성과를 올리고 있는 클라이언트는 어떻게 코칭할까? 그런 사람은 스스로 업무를 잘 해결하는 성과형 인재이니, 가만히 지켜보거나 지지·격려와 같은 최소한의 도움만 주면 된다. 그런 인재에 대한 리더의 적극적 개입은 자칫 클라이언트가 간섭으로 느끼거나 저항하게 되기 때문이다.

코칭을 할 때에는 클라이언트에 대한 평가는 접어두어야 한다. 특히 사내 코치는 이 부분에 주의해야 한다. 그동안 명령과 지시 또는 관리의 대상이었던 부하직원을 클라이언트로 인정하고 코칭을 실시한다는 것은 결코 쉬운 일이 아니다. 사내 코치는 끊임없이 개입하고 싶어하고, 판단하거나 평가하고 싶어한다. 그러나 코치가 적극적으로 개입하고 평가하는 순간 코칭은 실패하거나 처음으로 되돌아가 다시 시작해야 한다. 이때는 클라이언트가 코치를 신뢰하지 않을 것이니, 처음 시작할 때보다 몇 배 더 힘들게 된다.

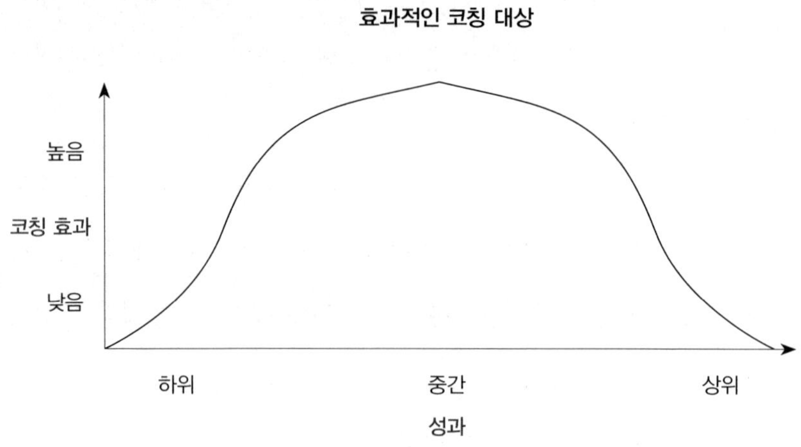

코칭은 클라이언트의 가슴속에 있는 답과 능력을 끌어올리는 일이다. 위험은 없는 것과 마찬가지다. 그러니 자연스럽고 편안하게 코칭을 시작하는 것이 좋다.

코칭 방법

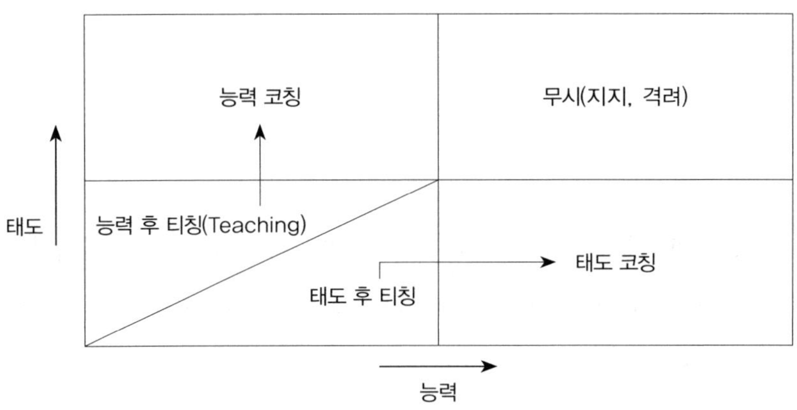

4. 클라이언트의 성장에 도움이 되는 코치

 다른 이에 대한 자신의 비난을 '건설적인 비판'이라고 자기합리화하고, 직설적이고 적대적인 언어를 '진심 어린 충고'라고 말하는 사람도 있다. 그런 사람은 심지어 비뚤어진 혹평을 '객관적인 판단'이라고 주변 사람들 앞에서 합리화시키기도 한다. 이에 대해 누군가가 문제를 제기하면 "왜 내게 당신의 불만을 말하는가!" 하고 면박한다. 그런 사람들은 다른 이의 단점을 찾아내는 데 열의를 보인다. 그런 행태에 따른 부정적 결과를 우려해주는 주위의 충고도 외면한다.

 그러나 이렇듯 상처를 주는 사람이 있는가 하면, 서로에게 받은 상처를 치유해주는 사람들도 있기 마련이다. 심지어 남들에게 상처를 주는 사람도 종종 누군가에게는 기댈 곳을 준다. 다른 사람을 움츠러들게도 하고 성장시키기도 한다. 자존감을 상실하게 하지만, 용기를 북돋아줄 때도 있다. 어떤 때는 부정으로, 또 어떤 때는 긍정으로 대하기도 한다. 서로가 갈등의 요인이 되지만, 아이러니하게도 갈등을 해결해주는 주체가 되기도 한다. 내가 살아 있다는 걸 느끼게도, 이 세상에 중요한 존재라는 사실도 깨닫게 해준다. 물론 상처를 치유하고 갈등을 해결하며 다른 이의 성장을 돕는 위대한 사람들도 있다.

런던의 유명한 백화점인 셀프리지스의 창업자 해리 고든 셀프리지 (1858~1947)는 자기 회사 내에서 상사가 되기보다는 리더가 됨으로써 부하직원들의 발전을 도왔다. 셀프리지는 상사와 리더를 다음과 같이 비교했다.

» 상사는 부하를 다그치지만, 리더는 그들을 가르친다.

» 상사는 권위에 의존하지만, 리더는 선善에 의존한다.

» 상사는 '나는'이라고 말하지만, 리더는 '우리'라고 말한다.

» 상사는 실수를 저질렀다며 꾸중하지만, 리더는 실수를 저지른 사람이 보는 앞에서 그 실수를 바로잡는다.

» 상사는 어떻게 해야 할지를 알지만, 리더는 어떻게 해야 하는지를 보여준다.

» 상사는 '하시오'라고 말하지만, 리더는 '합시다'라고 말한다.

다른 이의 성장을 돕는 것보다 더 위대하고 숭고한 것도 없다.

그러면 어떻게 셀프리지처럼 다른 이의 성장을 도울 수 있을까? 그건 의외로 쉽다. 다음과 같이 하면 누구라도 할 수 있다.

» 그가 말하려 하면 가만히 들으라.

» 당신이 화를 낼 만한 일을 했더라도 참으라.

» 그가 힘들어하면 칭찬하고 격려하라.

» 그가 원칙을 위반했더라도 이해하려고 노력하라.

» 그가 꿈을 갖고 있지 않으면 비전을 만들도록 도우라.

» 그에게 자존감이 없으면 자신의 장점을 발견하게 도우라.

» 그가 실수를 했으면 그것을 잊어버려라.

» 친절하게 대하고 진정으로 사랑하라.

» 그러면 그들을 성장시킬 수 있다.

한 마리의 늑대가 이끄는 100마리 양들과, 한 마리의 양이 이끄는 100마리 늑대들이 전투를 벌였다. 과연 어느 군대가 전투에서 승리했을까? 시뮬레이션을 해보니 한 마리의 늑대가 이끄는 100마리의 양들이 승리했다. 이는 리더인 늑대가 100마리의 양들이 훌륭한 전사로 성장하도록 코칭했기 때문이다.

매 리그마다 꼴지 자리를 차지하던 프로 축구 팀이나 야구 팀이 코치를 잘 만나 선수들이 환골탈태, '실화를 소재로 한 영화'로 만들어진 우승을 한 사례는 어렵지 않게 찾을 수 있지 않는가. 리더의 역할 중 이렇듯 클라이언트들의 성장을 도와 조직 전체의 승리까지 이룩하는 일은 참으로 빛나는 사업이다.

이 이야기에서의 지휘관 늑대처럼 위대한 코치가 되려면, 무엇보다

리더 자신도 클라이언트들과 마찬가지로 성장할 수 있는 소중한 존재임을 인식해야 한다. 그리고 클라이언트에게 '능력과 자질 면에서의 성장'을 선물함으로써 자기 자신도 더욱 빛나는 사람이 될 수 있다는 것을 명심해야 한다.

5. 코칭의 성공 조건

누구나 코칭의 달인이 되고 싶어하지만, 결코 쉽지는 않다. 다양한 장애 요소가 있기 때문이다. 특히 직급이 높은 사람은 다른 이에 의한 코칭이 성공할 가능성이 높지 않다는 보고도 있다. 왜 그럴까? 바로 아래에 다섯 가지 장애 요소를 소개하겠다.

첫째 이유 – 수직적 인간관계

우리 사회의 뿌리에는 아직도 아랫사람은 윗사람의 명령과 지시를 받으며 행동해야 한다는 인식이 박혀 있다. 그 배경에는 "인간은 원래 무지한 존재라, 보상과 벌에 의해 행동한다"는 행동주의적 인간 모델이 존재한다. 상명하달, 수직적 관계, 관료주의, 명령과 지시, 지배와 종속 등 전통적 조직의 특징은 이와 같은 행동주의적 모델에 기반을 두고 있다.

물론 다들 아다시피 보상과 벌로 통제하기보다는 개개인의 주체성과 능동성을 살려주는 것이 긍정적 성과를 가져온다. 그러나 오랫동안 암묵적으로 전수된 사고방식을 하루 아침에 뒤집는 것은, 범국가적으로 혁명적인 계몽 사업이라도 벌이지 않는 한 어렵다. 그런데 코칭을 하려면 수평적 인간관계를 만들고 유지하는 노력이 필요하다. 코칭이 성공하려면 '모든 인간이 평등하다'는 사고방식이 코치와 클라이언트 사이에 존재해야 하기 때문이다.

둘째 이유 – 명령·지시적 커뮤니케이션

명령과 지시로 이루어지는 커뮤니케이션 분위기에서는 리더가 부하직원들에게 동기를 부여할 수 없다. 물론 그런 부하직원들이 자아실현 욕구를 품을 리도 없다. 그런데도 일부 리더들은 코칭 교육을 받고도 계속 "이렇게 해!", "뭐하는 건가? 빨리 하지 않고!"라며 화를 낸다. "어떻게 하면 이 문제를 해결할 수 있을까?" 하고 질문해야 한다는 것을 알면서도 말이다. 물론 오랫동안 우리가 사용하면서 습관처럼 익숙해진 커뮤니케이션 패턴을 바꾸기는 쉽지 않다. 하지만 노력을 하지 않으면 도태될 뿐이다.

셋째 이유 – 과정 손실(Process Loss)

당신은 아래의 네 조건 중 한 경우에라도 해당되는 사람이 하는 말을 진지하게 받아들일 수 있는가?

» 자신보다 연령이 낮다.

» 자신보다 지위가 낮다.

» 자신보다 학력이 낮다.

» 자신보다 경험이 부족하다.

"예" 하고 대답할 사람은 아마 열 명 중 한두 명이리라. 그렇다고 해서 당신이 이상한 사람인 건 아니니 고민하지 마시라. 인간은 대개 자신보다 지위가 낮은 사람이 제시한 의견은 잘 받아들이지 않는다. 그 의견이 아무리 뛰어나더라도 그렇다.

독일의 사상가이자 교육가인 루돌프 슈타이너(1861~1925)는 이를 과정 손실(Process Loss)이라고 불렀다. 해답이 상대방에게 있음을 인정하지 못하고서 고집을 부리는 것도, 상대가 제시한 답에 대해 "그런 방법으론 성공 못해!", "자넨 생각하는 수준이 고작 그 정도야!" 하고 타박하는 것도 다 이 때문이다.

나이나 지위를 이유로 상대의 의견을 무조건 부정적으로 받아들이는 사고와 조직 문화를 바꿔야 한다. 그렇지 않으면 코칭은 여러 난관에 부딪히게 된다.

넷째 이유 - 권위주의적 사고

코치는 클라이언트와 수평적인 관계에 있으면서 지원을 해주는 사람이다. 특히 사내 코치는 상사와 부하직원의 관계에서 물러나 순수한 지원자로서의 사명과 역할 아래에서 코칭을 실시해야 한다.

그러나 지위가 올라갈수록 자신의 힘을 맹신하는 권위주의적 사고가 머릿속에 가득 차기 마련이다. 그러나 권위주의적인 사람은 클라이언트에게 설교나 충고를 하게 되고, 심지어 위압적인 자세를 보이기까지 한다.

이러한 리더들도 일을 스스로 찾아서 하는 능동적인 사람이야말로 바람직한 인재상이라고 여기저기에서 말하곤 한다. 그러나 실제로는 부하사원의 자발적 행동에 "자넨 왜 쓸데없는 짓으로 시간을 낭비하나!" 하고 나무라기 마련이다.

다섯째 이유 – 심리적 타성

"이 방안은 너무 위험해!"

"예전엔 이렇게 안 해본줄 알아!"

아마 과거에는 법규나 기술적인 문제 때문에 실행할 수 없었을지도 모른다. 하지만 법규가 바뀌고, 기술이 발전된 지금은 가능할 수도 있다. 결국 우리가 문제를 해결하는 데 장애가 되는 것은 '지식의 부족'과 '심리적 타성' 때문이다.

지식이 부족한가? 그렇다면 인재를 채용하거나 다른 기업과 제휴를 하여 지식을 구하면 된다. 그러나 심리적 타성을 극복하기는 그리 쉽지 않다.

"내가 해봐서 아는데, 이런 아이디어는 실행이 불가능하다네"라는 리더의 한마디는, 클라이언트의 자주적인 문제 해결 의지를 단칼에 꺾어버린다.

이상의 다섯 가지 장애 요소를 극복하는 것이 성공적인 코칭의 전제 조건이다. 이 다섯 가지를 적어두고 늘 읽어보기를 추천한다.

6. 코칭·티칭·멘토링·상담·컨설팅의 차이점

코칭(coaching)·티칭(teaching)·멘토링(mentoring)·상담·컨설팅 (consulting)은 비슷비슷해 보인다. 그러나 각각에는 명백한 차이점이 존재한다. 물론 무 자르듯이 "이건 코칭이고, 저건 멘토링이다" 하고 구분할 수 있는 것은 아니지만, 각각의 정의를 알고서 접근하는 것이 과제를 진행할 때 도움이 된다.

코칭과 티칭

코칭이 '개인의 문제 해결'에 초점을 맞춘다면, 티칭은 '개인 또는 조직의 역량 계발'에 초점을 맞춘다. 코칭과 티칭의 가장 큰 차이점은, 티칭은 학습 목표와 교육 계획이 명확하고 정해진 절차에 따라 진행되며 일정도 정해져 있다는 점이다. 반면 코칭은 과정과 목표가 있기는 하지만, 진행 중에 수시로 바뀌는 경우가 많다. 심지어 코칭을 하기 전에 티칭부터 해야 하는 클라이언트도 있다. 코칭에 필요한 기본적인 역량이 갖추어져 있지 않은 클라이언트는, 사전에 코칭에 필요한 역량을 확보할 수 있도록 티칭을 해주어야 한다. 또한 티칭을 넓은 의미에서 코칭의 범주에 넣는 학자도 있다.

코칭과 멘토링

멘토링의 목적은 클라이언트의 성장 잠재력을 개발해주고, 신입 직원이 새로운 환경에 일찌감치 적응하도록 도와주는 것이다. 그러니 해당 직무에 대한 지식과 능력·경험이 많은 멘토가 직접 시범이나 모범을 보이거나, 교육하고 이끌어야 한다. 즉, 코치도 전문 지식을 어느 정도 가지고 있어야 한다.

그러나 코칭은 멘토링과 달리 코치가 전문 지식을 가지고 있지 않아도 가능하다. 코치의 역할은 클라이언트가 직접 해결해야 할 문제나 과제, 해결 방안을 스스로 찾아내도록 도와주는 역할이기 때문이다. 결국 코치는 코칭 기술이나 과정만 알면 된다. 그래서 아주 젊은 코치가 실무적인 경험이 많은 경영자(CEO) 클라이언트를 코칭할 수 있는 것이다.

코칭과 상담

상담은 클라이언트가 가지고 있는 현재의 문제나, 과거에 기반을 둔 현재의 문제를 해결하여 잘 살아갈 수 있도록 하는 데 있다. 따라서 상담가는 현재의 문제를 해결하기 위해 클라이언트의 과거에 상세하게 파고들어가 문제가 발생한 원인을 찾아내야 한다. 그럼으로써 해결 방안을 마련하고 실행한다. 그러나 코칭은 클라이언트의 현재의 문제 뿐만 아니라 미래에는 무엇을 하고, 어떻게 성장·발전할 것인지 설계하고 실행하도록 도와주는 것이다.

코칭과 컨설팅

컨설팅은 컨설턴트가 어느 정도 답을 가지고 있으며, 클라이언트로부터 이야기를 끌어내는 것이다. 그런 면에서 코칭과 별 차이가 없다. 하지만 코칭과 달리 해당 분야에 대한 전문 지식을 갖춘 컨설턴트가 클라이언트에게 문제를 제시하거나, 조언을 해주거나, 답을 찾도록 직접 도와준다.

컨설턴트는 클라이언트를 '이끄는' 입장이지만, 코치는 클라이언트의 안에 있는 답을 '끌어낸'다. 코치는 문제를 직접 제시하거나 답을 주는 대산, 클라이언트 스스로 답을 구하도록 간접적으로 도와준다.

결국 문제 해결의 주체가 누구냐에 따라 코칭과 컨설팅을 구분할 수 있다.

각각의 특징을 조합할 수 있는 능력

코칭·티칭·멘토링·상담·컨설팅 중 어느 것이 가장 좋다고 말할 수는 없다. 목적에 따라 각각의 장점을 활용해 단점을 보완하면서 사용하면 된다. 예를 들면 컨설팅의 경우 컨설턴트에게서 나온 답을 리더의 명령·지시에 의해 실행하는 경우가 많은데, 명령·지시를 내리기보다는 부하직원이 자발적으로 실행하도록 코칭의 도움을 받는 것이다.

또한 심리적으로 어려움을 겪고 있어서 코칭이 어려운 클라이언트에게는 상담을 통해 심리적 안정을 갖도록 조치한 뒤 코칭한다.

물론 보다시피 코칭은 유일무이한 문제 해결 수단이 아니다. 그러니 다양한 방법을 유연하게 활용함으로써 클라이언트의 재능·능력 발전이라는 목표를 달성하자.

제1부

1. 코칭이란?

가. 코칭을 받는 사람을 '목표'로 인도하는 과정이다.

나. 개인이나 조직의 '현재 성과 수준'과 '목표 성과 수준'의 차이
를 줄이는 과정이다.

다. 클라이언트의 문제 해결을 지원하는 과정이다.

2. 코칭 방법

가. 능력이 부족한 사람은 능력에 대한 티칭 후 코칭한다.

나. 태도가 부족한 사람은 태도에 대한 티칭 후 코칭한다.

다. 태도와 능력이 뛰어난 사람은 코치의 적극적 개입이 불필요
하니 지켜보거나 지지·격려한다.

3. 상사 VS. 리더

가. 상사는 부하를 다그치지만, 리더는 그들을 가르친다.

나. 상사는 권위에 의존하지만, 리더는 선善에 의존한다.

다. 상사는 '나는'이라고 말하지만, 리더는 '우리'라고 말한다.

라. 상사는 실수에 대해 꾸중하지만, 리더는 실수를 바로잡는다.

마. 상사는 어떻게 해야 할지를 알지만, 리더는 어떻게 해야 하
는지를 직접 보여준다.

바. 상사는 '하시오'라고 말하지만, 리더는 '합시다'라고 말한다.

4. 코칭·티칭·멘토링·상담·컨설팅의 차이점

가. 코칭과 티칭

– 코칭: '개인의 문제 해결'에 초점이 맞추어져 있다.

– 티칭: '개인 또는 조직의 역량 개발'에 초점이 맞추어져 있다.

나. 코칭과 멘토링

– 멘토링: 해당 직무에 대한 지식과 능력 및 경험이 필요하다.

– 코칭: 코칭 기술이나 코칭 프로세스만 알면 가능하다.

다. 코칭과 상담

– 상담: 현재의 문제나 과거에 기반을 둔 현재의 문제를 해결
한다.

– 코칭: 현재 문제는 물론 미래에는 무엇을 하고, 어떻게 성장
하며 발전할지를 설계하고 실행하도록 도와준다.

라. 코칭과 컨설팅

– 컨설팅: 해당 부분에 대한 전문 지식을 갖춘 컨설턴트가 문
제를 제시하거나, 조언해주거나 답을 찾도록 직접 도와준다.

– 코칭: 코치는 문제를 직접 제시하거나 답을 주지 않고, 클라
이언트 스스로 답을 얻도록 간접적으로 도와준다.

제2부

코칭 질문

1. 질문은 코칭의 핵심이다.

중세 유럽의 어느 왕비가 자기 딸에게 '백설'이라는 이름을 지어주었다. 그리고 얼마 뒤 세상을 떴다. 신하들의 간언에 따라 왕은 새 왕비를 맞이했는데, 그녀에게는 마법의 거울이 있었다. 왕비가 거울에게 "거울아 거울아, 이 세상에서 누가 제일 예쁘냐?" 하고 물을 때마다 그 거울은 "그야 물론, 왕비마마이십니다" 하고 대답했다.

그러던 어느 날, 왕비는 여느 때처럼 자신의 아름다움을 체크받으려고 거울에게 질문했다. 하지만 거울은 "왕비마마도 아름다우시지만, 백설공주가 더 아름답습니다" 하고 대답했다. 의붓딸을 질투한 왕비는 사냥꾼에게 백설공주를 죽인 후, 그녀의 폐와 간을 가져오라고 명령했다. 그러나 백설공주를 짝사랑한 사냥꾼은 돼지의 폐와 간을 가져가기로 하고 그녀를 놓아준다.

숲 속에 남겨진 백설공주는 일곱 명의 난쟁이가 사는 작은 오두막 집을 발견하고, 집안일을 도와주며 머물렀다. 허나 왕비의 거울 때문에 그녀의 생존이 알려졌다. 백설공주를 제거하려는 왕비의 음모는 그때그때 난쟁이들 덕에 분쇄되었다. 하지만 왕비의 마지막 계략인 독이 든 사과를 먹고 백설공주는 결국 세상을 떠났다.

슬픔에 잠긴 난쟁이들 앞에 이웃 나라의 왕자가 나타났다. 유리관 안의 백설공주에게 반한 왕자가 시종들을 시켜 관을 운반시켰고, 그 덕에 관이 흔들리면서 백설공주의 목에 걸려 있던 독이 든 사과 조각이 튀어나와 백설공주가 살아났다. 그동안 있은 일을 들은 왕자는 사악한 왕비를 납치해 불에 달군 무쇠 구두를 신고 죽을 때까지 춤을 추게 했다. 그 뒤 백설공주와 결혼하여 오래오래 행복하게 살았다.

"거울아 거울아, 이 세상에서 누가 제일 예쁘냐?"라는 왕비의 질문이 〈백성공주와 일곱난쟁이〉의 핵심이다. 이 질문이 없었다면 스토리의 극적인 전개는 없었을 것이고, 전 세계 많은 어린이에게 감동을 주는 아름다운 동화도 탄생하지 못했을 것이다.

"가난한 사람이 부자와 같은 의료 서비스를 받을 수는 없을까?"
"이윤을 창출해 가난한 사람을 지속적으로 도울 수 없을까?"
"이런 과제를 해결하기 위해 비용을 줄일 수 없을까?"

이것이 '닥터 브이'(Dr. V)로 불리던 고빈다파 벤카타스와미(1918~2006, 인도의 아라빈드 안과 병원 설립자)가 '가난한 인도의 눈'을 위해 던진 질문이다.

"돈 버는 자선을 어떻게 구현할 수 있을까?"

닥터 브이는 곧 답을 봤다. 햄버거 체인점인 맥도널드에서 힌트를 얻은 것이다. 맥도널드의 경쟁력은 표준화된 대량 생산 체제와 원가 절감에서 나온다. 세계 각지에서 누구나 싼 가격에 균일한 품질로 햄버거를 즐길 수 있다는 것이 맥도널드의 가장 큰 장점이다.

"그렇다면 이 시스템을 안과 병원에 적용하면 어떨까?"
"사람의 눈도 인종과 민족에 상관없이 같지 않던가?"

닥터 브이는 의료 서비스를 표준화해 원가를 절감하면 더 많은 사람에게 혜택을 줄 수 있다고 판단했다. 그가 세운 아라빈드 안과 병원은 환자가 병원을 찾아와 각종 검사를 받고, 수술을 마치고, 회복 치료 후 귀가할 때까지의 과정이 철저하게 분업화되어 있다. 단순 반복 업무에는 인건비가 저렴한 고졸 여성을 채용하고, 의사들은 진료에만 집중시켜 비용의 거품을 없애고 시간 손실도 최소화했다.

수술도 마찬가지다. 수술실에는 네 개의 수술용 침대가 나란히 놓여 있고, 두 명의 의사가 동시에 수술을 진행한다. 수술을 마친 의사는 곧바로 의자를 돌려 옆 침대에서 대기 중이던 다른 환자의 수술을 집도한다. 수술을 마친 환자는 수술실을 나서고, 곧바로 다른 환자가 수술실로 들어온다. 의사가 한 명을 수술하는 데 걸리는 시간은 불과

5분이다. 수술에서 퇴원까지 걸리는 시간은 다른 병원의 7분의 1이며, 비용은 미국의 30분의 1이다.

고빈다파 벤카타스와미, 그러니까 닥터 브이는 "돈 버는 자선을 어떻게 구현할 수 있을까?"라는 질문의 답을 찾았고, 40퍼센트 정도의 이윤을 창출하면서도 가난한 사람들에게 지속적으로 무료 안과 수술을 제공하는, 현대의 히포크라테스가 된 것이다.

코칭의 핵심은 질문이다. 즉, 문제 해결의 핵심은 질문이다. 코칭의 정의는 '클라이언트의 문제 해결을 돕는 과정'이기 때문이다.

2. 코칭에서 질문이 필요한 이유는?

관리자는 부하가 지시 받은 일을 제대로 수행하는지 관리하지만, 코치는 클라이언트가 코치에게 질문하는 과정을 통해 스스로 아이디어를 짜냄으로써 더 많은 일을 창조적으로 하도록 유도한다.

물론 클라이언트 중에는 관리를 받는 데 익숙해진 탓에 코치가 지시해주기를 기다리는 사람도 있다. 그러나 이런 사람은 성장할 수 없다. 지시 받은 일만 하니 스스로 깊이 생각할 필요가 없고, 그러니 단순한 업무 말고는 할 수 있는 게 없다. 특히 이런 사람은 창조적·창의적인 작업을 결코 할 수 없다.

질문은 상대로 하여금 깊은 생각을 하게 하고, 정보를 분석하는 작업과 통합해보는 작업을 해보도록 유도해 자연스럽게 전문가로 성장하도록 도와준다.

능력 있는 리더(코치)는 부하를 만날 때마다 항상 질문거리를 준비하고, 관리자는 어떻게 평가하고 야단칠까를 먼저 생각한다.

다음은 코칭에서 없어서는 안 되는 질문의 기능이다.

첫째, 질문은 상대의 정보를 구하는 도구(tool)다. 클라이언트의 문제 해결을 효과적으로 지원하려면 클라이언트가 앓고 있는 문제나 애로 사항 등을 파악해야 한다. 클라이언트가 먼저 자신의 문제를 리더에게 이야기해주는 경우는 많지 않다. 따라서 질문을 통해 스스로 이야기 하도록 유도해야 한다.

"요즘 피곤해 보이는데 무슨 일 있나?"
"아버님이 편찮으시다는 얘길 들었는데 상태가 어떤가?"
"OO 제품에 대한 고객들의 반응은 어떤가요?"
"이 대리의 요즘 관심사가 뭐죠?"
"나중에 해보고 싶은 게 뭐요?"
"김 대리가 가장 잘 할 수 있는 게 뭔가요?"
"현재 업무상 가장 큰 문제가 뭡니까?"
"언제부터 이런 문제가 있었나요?"

이렇게 질문하면 코칭을 받는 사람, 즉 클라이언트는 자신의 생각이나 애로 사항 등을 술술 털어놓는다. 클라이언트의 문제를 명확히 알고 있어야 코치(리더)도 맞춤형 지원을 할 수 있다.

둘째, 질문을 하면 클라이언트의 욕구를 파악할 수 있다. 동기를 부여하려면 먼저 상대의 욕구를 알아야 한다. DISC(행동 유형 진단 프로그램)에서 '안정형'이나 '신중형'이라는 평가를 받은 사람은 자신의 욕구를 다른 이에게 잘 드러내지 않는 경향이 있다. 따라서 이런 사람들의 욕구를 파악하려면 반드시 질문을 해야 한다.

"어릴 때 꿈은 무엇이었습니까?"

"이루지 못한 꿈이 있나요? 그게 무엇입니까?"

"이 주임의 취미는 무엇입니까?"

"디자인 능력을 향상하려면 무엇을 해야 할까요?"

"요즘 김 대리에게 가장 필요한 게 뭡니까?"

"가장 관심 있는 분야는 무엇입니까?"

"꼭 실천해보고 싶은 소망이 뭔가요?"

"본인이 가장 잘 할 수 있는 일이 무엇이라 생각하나요?"

"그 일을 하려면 뭘 준비해야 할까요?"

위와 같은 질문을 통해 훌륭한 리더는 클라이언트에게 필요한 것을 정확하게 알아낸다. 코칭을 받는 사람이 무엇을 원하는지 알아야 동기를 부여할 수 있고, 문제를 해결하도록 지원해줄 수 있다.

셋째, 클라이언트는 질문에 대답하면서 자신의 문제가 무엇인지 스스로 깨닫게 된다. 문제를 해결하려면 먼저 자신의 문제가 무엇인지 인식해야 한다. 그러나 많은 사람이 자신에게 닥친 문제가 무엇인지는 커녕, 그것이 얼마나 심각한 파장을 불러올지 짐작조차 못한다.

자신이나 조직이 직면한 문제를 이야기하게 하려면 클라이언트 스스로 문제를 인식하고 발견할 수 있는 질문을 하면 된다.

"지금 가장 시급히 해결해야 할 게 뭔가요?"

"어떤 경우에 문제가 재발되었나요?"

"작년에 비해 성과가 낮은 분야가 뭔가요?"

"고객들의 불만 사항은 무엇이었나요?"

"이해관계자들과의 갈등은 주로 어떤 것인가요?"

"개인적으로 직면한 애로 사항은 뭔가요?"

"협조를 잘 해주지 않는 이유가 뭔가요?"

"지금 이 대리가 직면한 문제를 해결하지 않으면, 앞으로 이 대리 본인은 물론이고 이 회사에 어떤 일이 벌어질까요?"

코칭을 받는 사람, 즉 클라이언트는 위와 같은 질문을 받으면서 자기 자신에게 무슨 문제가 있는지 인식하게 된다. 아울러 이를 당장 해결하지 않으면 더 큰 문제가 벌어질 것임을 깨닫게 된다. 물론 이쯤되면 자기 손으로 문제를 해결해야겠다며 결연한 표정을 짓는다. 이쯤되면 문제는 반 이상 해결된 셈이다.

넷째, 클라이언트의 문제가 해결되면 그에게 어떤 이익이 있을지 스스로 깨닫게 한다. 문제가 해결되면 P(Productivity, 생산성), Q(Quality, 품질), C(Cost, 가격), D(Delivery, 납품), S(Safety, 안전), M(Morale, 의욕) 측면에서 어떤 이익이 있는지 질문하면 된다.

문제가 해결되었을 때 클라이언트가 개인적으로 얻을 수 있는 물질적·정신적 이익에 대한 확신이 생기면 문제 해결에 대한 굳은 의지와 열정이 충만하게 된다. 클라이언트의 문제 해결에 있어 이보다 더 매력적인 동기 부여 방법이 있을까?

"이 문제(과제)가 해결되면 무슨 일이 일어날지 한번 상상해봅시다. 과연 어떤 좋은 일이 일어날까요?"

"박 대리의 문제가 해결되면 뭐가 편리해질까요?"

"이 문제가 해결되면 매출은 어느 정도 상승할까요?"

"이 문제가 해결되면 김 과장은 목표를 얼마나 달성할 수 있을까요?"

"이 설비 트러블 문제가 해결되면 생산성이 얼마나 향상될까요?"

"이 프로젝트가 성공해 성과급을 받으면 부인께서 어떤 반응을 보일까요?"

"김 과장이 승진하면 가족들에게 어떤 긍정적 영향이 미칠까요?"

고기를 낚을 때 밑밥을 주지 않고는 많은 고기를 낚을 수 없다. 즉, 클라이언트에게 동기를 부여해주지 않으면 문제 해결이 어려워질 수도

있다는 말이다. 클라이언트가 직접 문제를 해결할 경우 그에게 주어지

는 보상을 말하면, 클라이언트는 자신의 문제를 해결하는 데 한 걸음

더 다가설 수 있다.

3. 먼저 코치 자신에게 질문하라.

"당신 자신에게 질문하라"는 말은 소크라테스가 했다는 "너 자신을 알라"와 같은 말이다. 즉, 문제의 답은 당신 자신에게 있으니까, 코칭을 할 때나 클라이언트의 문제를 해결해줄 때 좀 더 깊이 생각하라는 뜻이다. 다음과 같은 질문을 하면서 말이다.

"내 성격은 어떤가?"

"내가 가지고 있는 역량은 무엇인가?"

"내 장점은 무엇인가?"

"내 비전은 명확한가?"

"나는 목표를 구체적으로 수립했는가?"

"나는 무엇을 할 수 있나?"

"나는 사람들에게 어떤 가치를 제공해주고 있는가?"

"나는 사람들과 어떻게 커뮤니케이션하는가?"

"나는 얼마나 열심히 노력하는가?"

"나는 사람들과 신뢰를 어떻게 구축하는가?"

"내가 잘 할 수 있는 건 뭔가?"

"나는 어떤 방법으로 문제를 해결하는가?"

"내 코칭 스타일은 어떤가?"

이와 같은 질문을 자기 자신에게 계속 던지다 보면 질문에서 답을 얻을 수 있다. 자기 자신의 문제라고 생각하면 무슨 수로든 답을 짜내기 마련이 아닌가. 그래서 자기 자신에게 문제를 제기하는 방식은 늘 좋은 결과로 이어진다.

인간은 어떤 문제가 발생하면 그 문제의 원인을 다른 사람이나 조직에 전가하는 자기 방어 시스템을 발동시키는 본능이 있다. 자기 방어 시스템이란 어떤 위협 상황에서 자신을 보호하기 위해 취하는 행동 양식이다. 자기 방어 본능이 강한 사람은 항상 남의 탓만 하며 산다.

그러나 문제의 발생 원인을 다른 사람에게 전가하면 문제가 해결되긴커녕, 상황만 더 복잡해진다. '다른 사람의 문제'를 해결할 때에는 교섭하고 설득하는 과정이 필요하기 때문이다. 그래서 다른 사람의 문제를 해결할 때는 자신의 문제를 해결할 때보다 몇 배의 시간과 노력과 비용이 필요하다. 실행 가능성도 떨어진다. 또한 개인과 개인, 부서와 부서 사이의 갈등도 발생한다.

문제를 효과적으로 해결하는 사람들은 다음과 같은 특성이 있다.

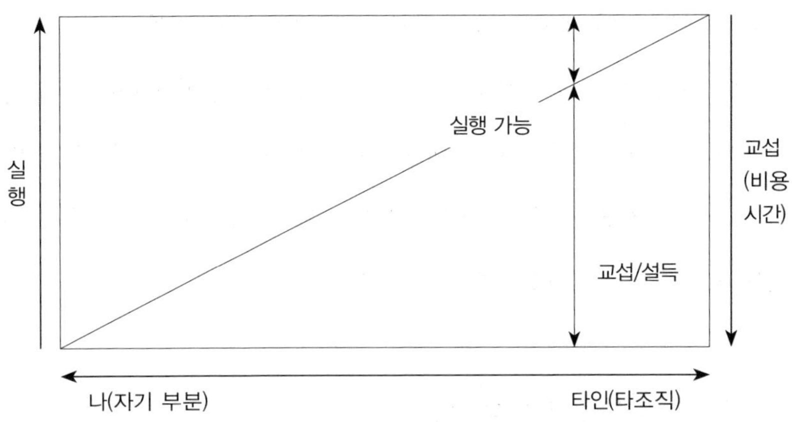

첫째, 자기가 하는 일에 자긍심을 가지고 있다. 즉, 자신이 수행하는 일이 자기 자신뿐만 아니라 다른 이의 가치 향상에도 절대적으로 작용한다는 확신을 가지고 있다. 자긍심은 열정과 도전의 원천이다. 자긍심이 없으면 어떤 일에도 도전하지 않는다. 도전하지 않으면 아무 일도 할 수 없다. 자긍심을 갖는 좋은 방법은 과거에 칭찬 받았던 일, 성과가 좋았던 일을 생각하면서 자신이 더없이 소중한 존재라는 것을 인식하는 것이다. 자신이 하는 일이 이 세상에서 가장 중요하다고 믿어야 한다.

둘째, 매우 긍정적인 마인드를 가지고 있다. 긍정적인 사람은 제품의 문제를 해결해야 할 때에도 "이 제품의 문제점은 OO이야" 하고 부정적인 관점에서 말하기보다는 " 이 제품에 OO 기능이 있다면…"처럼 긍정적인 부분에 초점을 맞춰서 말한다.

우리들의 머릿속에 긍정이 사라지면, 문제 의식도 개선 의식도 혁신 의지도 사라진다. 그저 하루하루를 아무 성과도 없이 보내는 사람이 된다. 긍정적 마인드를 키우려면 다른 사람들에게 친절해야 한다. 또한 하급자가 작은 성과를 냈어도 칭찬을 많이 하고 용기를 북돋워주어야 한다. 그리고 이러한 주문을 해야 한다.

"나는 그 일을 곧 해낼 수 있을 거야."
"그 일에 대해서는 내가 최적임자지."
"나는 창의력이 뛰어난 사람이야."
"아자! 아자! ○○○ 화이팅!"

셋째, 책임 의식을 가지고 있다.

자기주도적으로 문제를 해결하는 사람은 책임 의식을 가지고 있다. 이런 사람은 "이번에 발생한 문제의 책임자는 바로 접니다. 따라서 제가 이 문제를 책임지고 해결하겠습니다" 하고 단호하게 말한다. 이러한 사람은 자기 일에 애착을 가지고 있으며, 어떤 일을 맡겨도 훌륭하게 해결한다.

반면 책임 의식이 없는 사람은 문제의 원인을 늘 남의 탓으로 돌려 성과에 대한 열매를 딸 수 있는 기회를 놓쳐버린다.

넷째, 자기 계발에 집중한다.

환경은 급격하게 변화한다. 기술도, 사람들의 생각도, 사회 문화도 급격하게 진보와 변화를 거듭한다. 이렇듯 다각적인 변화에 능동적으로 대응하려면 끊임 없이 자기 계발을 하지 않으면 안 된다.

어떤 주제에 대해서도 두려움이 없는 달변가로 잘 알려진 장경동 목사를 아는가? 그는 원래 재미있는 사람이 아니었다. 그의 인기의 배경에는 남들이 상상하기 힘든 숨은 노력이 있었다. 그는 신학생 시절부터 다른 목회자의 설교를 공책에 빠짐없이 메모했다. 어떤 때 신자들이 감동받고, 언제 웃음을 터뜨리는지 빠짐없이 체크했다. 매주 20권이 넘는 책을 읽고, 차로 이동 중일 때는 다른 목회자의 설교 녹음을 들었다. 설교를 위한 아이디어를 얻기 위해 매일 20쪽씩 성경을 묵상했다. 그래서 많은 사람이 그의 설교에 감동받고, 개인이 가지고 있는 종교적인 문제뿐만 아니라 삶을 살아가면서 발생하는 다양한 문제에 대한 해결 아이디어도 그로부터 얻고 있다.

자기 자신의 문제를 효과적으로 해결하는 코치는 이렇듯 클라이언트의 문제 해결에도 많은 도움을 준다.

4. 상대방의 입장에서 던지는 질문이 마음을
   터놓게 한다.

　당신은 동료들과 함께 찍은 단체 사진을 볼 때 가장 먼저 무엇을 보는가? 동료인가, 자신인가? 혹은 배우자나 친구같은 제3자인가? 아마 열 중 아홉은 자기 자신이 어디에 있는지 먼저 찾아본 다음, 다른 사람의 사진을 살펴본다고 답을 할 것이다. 사람이 가장 관심을 갖는 것은 바로 자기 자신이기 때문이다.

　다른 사람에게 관심을 받고 싶어하는 것은 인간의 본성이다. 남자든 여자든, 어른이든 어린이든 다른 사람에게 많은 관심과 주목을 받기를 원한다. 그래서 우리는 대화할 때 자기 자신의 이야기를 많이 하고, 자신과 관계없는 이야기에는 주목하지 않는 경향이 있다.

　이는 역설적으로 이렇게 해석해볼 수 있다. 나보다 상대방에 관한 이야기를 더 많이 하면 바로 그 상대방의 관심을 끌게 되고, 그러면 대화는 활기를 띠게 마련이다.

상대방을 중심으로 이야기하다 보면 그 사람의 성향, 장점, 성품 등을 쉽게 알 수 있다. 평소에 자기 자신에 대해 이야기를 잘 하지 않던 사람도 상대방의 관심사에 대해 이야기하게 되면 즐겁게 말을 꺼낸다.

가령 낚시가 취미인 사람에게는 "저도 견지낚시가 취밉니다. 전번 출조 때 대어를 낚으셨다고요? 몇 센티였나요?" 하고 말을 걸어보라.

최근에 승진한 사람에게는 "축하받으실 일이 있으시더군요? 이번에 사무관으로 승진하셨다고요? 비결이 뭔가요?" 하고 물어보라.

이렇듯 상대방의 최고 관심사가 무엇이고, 자랑스러운 일이 무엇이며, 많은 사람이 알아주었으면 하는 일이 무엇인지 파악하여 질문을 하게 되면, 상대방은 기뻐하면서 대화의 문을 열게 된다. 이것이 상대방의 입장에서 하는 질문이다.

물론 이러한 질문도 진심으로 상대방을 존중하고 배려하는 마음이 있어야 가능하다. 평소에 서먹서먹했던 사람도 그에 대해 알고 싶다거나 관심을 보이는 듯한 질문을 해주면 자연스럽게 마음의 문을 열기 마련이다. 상대방이 내 입장에서 말해주고 배려해주는데, 어찌 즐겁지 않겠는가? 좋은 관계로의 발전은 그럼으로써 이루어진다.

질문의 시작은 "당신의~?"로 시작하라

_ 상대방 중심으로 이야기를 시작한다.

» 입사한 지 얼마나 되셨습니까?

» 입사 초기에 무슨 프로젝트를 수행하셨나요?

» 가장 중요하게 여기시는 게 뭔지 말씀해주시겠습니까?

» 님의 회사 비전은 뭔가요?

» 신혼여행은 어디로 가셨나요?

» 이 전략에 대한 의견을 말씀해주시겠습니까?

대화를 시작하기 전에 질문거리를 준비해보자

» 취미가 뭔가요?

» 고향이 어디죠?

» 무슨 고등학교를 나오셨나요?

» 대학 시절에 뭘 전공하셨나요?

» 직업이 뭔가요?

» 가족이 어떻게 되시죠?

» 하고 싶은 일이 뭔가요?

» 꿈이 무엇인지요?

상대방의 관심사에 대해 질문해본다

» 이 불경기에 승진하셨더군요. 비결이 궁금하네요.

» 어려운 프로젝트던데, 성공적으로 수행하셨네요. 혹시 비결이?

» 그 좋은 대학에 자녀를 보내시다니, 노하우가 궁금하네요.

» 다이어트에 성공하셨네요! 비결이 뭐예요?

» 와, 대어네요! 어떻게 낚으셨어요?

» 신규 거래처 발굴 노하우 좀 들려주시겠어요?

» 사모님이 미인이시네요. 어떻게 시작하셨나요?

» Top5에 어떻게 들어가셨나요?

5. 가치 있는 질문을 하라.

앤서니 라빈스는 저서 《네 안에 잠든 거인을 깨워라》에서 이렇게 말했다.

"자신의 꿈을 구체적으로 신중하게 생각한 후에 그것을 질문으로 표현한다면, 그 질문은 자신의 비전을 이룰 수 있는 길로 우리를 안내해줄 것이다. 가치 있는 삶을 살아가기 위해서는 자기 자신에게 끊임없이 가치 있는 질문을 던져야 한다."

가치 있는 질문이란 '자기 자신에게 의미가 있는 질문'이다. 그러면 가치 있는 질문을 하려면 어떻게 해야 할까? 오정환은 저서 《영업, 질문으로 승부하라》에서 다음과 같은 세 가지 원칙을 제시했다.

첫째, 긍정적인 질문을 많이 하라. 긍정적인 질문을 하면 긍정적인 결과를 얻을 수 있다. 똑같은 일을 하면서도 어떤 사람은 비전이 명확하고, 어떤 사람은 비전이 없거나 불명확한 것은 무엇 때문일까? 그것은 자기 자신에게 던지는 질문에 차이가 있기 때문이다. 비전이 없는 사람은 자기 자신에게 던지는 질문도 부정적이다.

"내가 왜 이 일을 해야 하지?"

"이번 프로젝트도 저번처럼 실패하지 않을까?"

"내가 왜 이 고생을 해야 하지?"

"내가 할 수 있는 일이 도대체 뭐야?"

"성공할 방법이 없는 것 아냐?"

"내가 가진 역량이 이 일에 도움이 될까?"

"내가 제시한 아이디어는 누구에게도 관심받지 못하겠지?"

"나와 함께 일하고 싶어하는 사람이 있을까?"

"난 왜 즐거울 수 없는 거야?"

이렇게 부정적인 질문만 하다 보면 열정은 식어버리고, 일을 할 수 있게 해주는 에너지도 소실된다. 자기 자신에게 습관적으로 부정적인 질문만 하는 사람은 어떤 일이든 쉽게 포기하고 만다. 그리고 이런 사람들은 동료들의 열정까지 메마르게 한다.

그러나 비전이 명확한 사람은 항상 긍정적인 질문만 한다.

"이 일의 적임자는 바로 나겠지?"

"어떻게 하면 고객이 기뻐할까?"

"뭘 하면 고객이 만족할까?"

"내 역량을 높여보려면 뭘 해야 하지?"

"긍정적인 사고란 건 어떻게 하는 걸까?"

"일을 잘 할 수 있는 비결이 뭐지?"

"우리 팀장님 프레젠테이션 비결이 뭘까?"

"이번 프로젝트도 성공하겠지?"

긍정적인 질문은 성공적인 결과를 낳는다. 이런 질문을 하는 사람은 관리자가 되어도, 사업을 해도, 자녀 교육도 성공한다.

둘째, 문제(과제)를 해결할 때까지 끊임없이 질문하라. 품질 혁신 활동에서는 '5WHY'라는 표현을 자주 쓴다. 이는 일본 제조업의 기수인 도요타에서 생산한 제품에 문제가 발생하면 즉시 생산 라인을 세우고 "왜 이런 문제가 발생했는가?"를 반복적으로 던지는 것을 말한다. 단순히 눈에 보이는 피상적인 원인을 파악하는 데 그치지 않고, 본질적인 원인을 찾아내어 문제를 근본적으로 해결하고자 하는 것이다.

1. 내 동생 철수는 왜 자주 물에 빠지는가?

   답: 수영을 못하니까.

2. 내 동생 철수는 왜 수영을 못하는가?

   답: 수영을 배우지 못했으니까.

3. 내 동생 철수는 왜 수영을 배우지 못했는가?

　　답: 수영 전문 코치를 만나지 못했으니까.

4. 내 동생 철수는 왜 수영 전문 코치를 만나지 못했는가?

　　답: 코치에 대한 정보가 없으니까.

5. 내 동생 철수는 왜 코치에 대한 정보가 없는가?

　　답: 구하려고 하지도 않았으니까.

이와 같이 끊임없이 질문을 하다 보면 문제는 자연스럽게 해결된다. 즉, 철수는 코치에 대한 정보를 구하지 않아서 강습을 받지 못해 수영을 못하는 것이다. 그러므로 인터넷이나 수영 협회 등에서 전문 코치에 관한 정보를 구해 검토한 뒤 강습을 받으면 물에 빠지는 문제를 해결할 수 있다.

셋째, 필요시 전문가의 도움을 적극적으로 받아라. 질문하는 것을 부끄러워하거나 겁내지 마라. 질문도 기술이다.

기술은 자전거 타기와 같다. 처음에는 1미터도 가지 못해 넘어지곤 하지만, 꾸준히 연습하면 쉽게 탈 수 있다. 기술은 한번 학습하여 몸에 익숙해지면 오랜 세월이 흘러도 언제든 그대로 재활용할 수 있다.

자동차 운전을 1년 만에 다시 한다고 하여 운전을 하지 못하는가? 곧 익숙해지기 마련이다. 전문가의 도움을 받아 질문 기술을 확보해 두면 평생 잊지 않고 효과적으로 질문을 활용할 수 있다.

심리적 타성

창의력을 발휘하는 것을 방해하는 요소가 있다. 그 이름은 고정 관념, 타성, 편견이라는 예명을 가진 '심리적 타성'이다. 이에 대한 아주 좋은 사례가 세계사에 있는 바, 바로 '철도 폭 측정사(The History of Rail-road Gauge)'가 그것이다.

» 미국의 표준철도 폭은 4피트 8.5인치 또는 56.5인치이다.

» 영국에서 파견된 기술자가 미국의 첫째 철도를 건설했다. 그는 영국의 표준 철도 폭을 작업 때 사용했다. 그리고 영국의 표준 철도는 영국의 시가 전차 선로의 폭을 모방했다.

» 그런데 그 전차 선로의 폭은 마차 제조업자들이 마차에 바퀴(wheel)를 다는 데 쓰던 기계인 지그(jig)와 툴링(tooling)의 폭을 모방했다. 그리고 마차 제조업자들은 로마 제국이 전 유럽에 건설했던 돌길에 남아 있던 수레바퀴의 자국으로 마차의 폭을 정했다. 물론 로마 시대에 난 수레바퀴의 자국은

로마인들이 사용하던 말이 끄는 전차에 의해 만들어진 것이
었다.

» 마차 제조업자가 승객이 편안하게 승차하도록 마차를 제조하
려면 로마식 전차의 수레바퀴 축 간격에 맞게 마차의 축 간격
을 설정해야 했다. 그런데 왜 로마의 전차 바퀴 간격은 4피트
8.5인치였을까?

» 그것은 로마의 전차가 두 마리 군마의 엉덩이 폭을 충분히
수용할 수 있도록 만들어졌기 때문이다.

이 글이 전달하려는 메시지는 무엇일까? 사람들은 다른 사람이
하던 방식을 그대로 따라 하거나, 자신이 과거에 취했던 방식을
그대로 답습하려는 경향이 있다. 이것이 바로 심리적 타성이다.
이 심리적 타성을 극복하지 않는 한 창의력을 발휘하기 어렵다.
산업혁명에 지대한 영향을 끼친 인류 최초의 증기기관차 바퀴
모양은 어땠을까? 최초의 증기기관차 시제품의 바퀴 모양은 톱
니바퀴 모양이었다고 한다. 타성에 젖어 있던 발명가는 원형으로
바퀴를 제작하면 제동을 걸었을 때 관성에 의해 기관차가 정지

하지 않고 무한질주를 할 것이라고 본 것이다. 이처럼 위대한 발명가도 심리적 타성의 늪에 빠지면 아무리 많은 시간이 주어져도 이 늪에서 빠져 나오기가 어렵다.

이러한 심리적 타성을 극복하기 위한 가장 좋은 방법은 창의력 개발 훈련을 받는 것이다.

6. 효과적으로 질문하라.

이제 코칭 받는 사람의 문제 인식과 책임감을 일깨우는 데 가장 좋은 수단이 질문이라는 사실은 분명해졌다. 만일 기존의 질문 방법들로 자각과 책임감을 이끌어낼 수 있다면 아무런 문제가 없을 것이다. 그러나 기존의 질문법으로는 클라이언트의 문제 의식과 책임 의식을 일깨워주기 어렵다. 우리는 여러 유형의 질문이 어떻게 이루어지고, 어떻게 사용되며, 어떤 효과가 있는지를 살펴보아야 한다.

존 휘트모어가 저서 《코칭 리더십》에서 골프로 든 예시를 아래에 일부 소개해보았다.

모든 운동 경기에서 감독이나 코치가 선수들에게 가장 많이 하는 말이 "몸에서 힘을 빼라"는 것이다. 그러나 몸에서 힘을 빼라고 명령하기만 하면 선수가 제 몸에서 힘을 뺄 수 있을까? 아마 그 선수의 몸이 더욱 경직될 것이다.

'~하라'고 명령해서는 결코 원하는 결과를 얻을 수 없다. 그럼 어떻게 질문하면 좋겠는가?

» "공을 똑바로 보고 치세요. 지금 공을 똑바로 보고 치나요?"

이런 질문에 사람들은 어떻게 대답할까? 사람들은 자기방어적으로 대답하거나, 코치의 질문을 숫제 무시할지도 모른다.

» "왜, 공을 똑바로 보고 치지 않나요?"

"아, 예, 알았어요"처럼 아마 더욱 방어적으로 대답할 것이다. 혹은 "예, 똑바로 치고 있어요. 그런데도 안 되잖아요. 도대체 저보고 어떻게 하란 말인가요?" 같은 매우 신경질적인 반응을 보일 것이다.

이와 같은 질문은 효과적인 질문이 되지 못한다. 그러니 코치는 다음과 같은 질문을 고려해보아야 한다.

"공이 날아갈 때 어느 방향으로 날아가나요?"

"공은 곧장 날아가나요? 왼쪽이나 오른쪽으로 날아가나요?"

"어드레스 자세에서 몸의 각도는 어느 정도였나요?"

"백스윙은 충분히 했나요?"

"상대의 고투스쿨은 어땠나요?"

"라인은 어땠나요?"

이런 질문은 앞서 소개한 질문과는 확연히 다르다. 이와 같은 질문은 다른 질문이나 명령과 지시가 가지지 못하는 중요한 효과를 몇 가지 가지고 있다.

» 선수는 질문에 답변하기 위해 보통 때보다 더 집중할 것이다.
» "예"나 "아니오" 같은 단순한 답변이 아니라, 선수가 깊이 있게 생각할 수 있는 시간을 갖게 함으로서 문제 해결에 더 많이 다가갈 수 있도록 해준다.
» 선수의 답변에 코치가 구체적으로 피드백해줄 수 있다.

이 질문을 살펴보면 왜 코치들이 "공에서 눈을 떼지 말고 똑바로 치세요"라는 효과도 없는 명령을 하는지 의문이 갈 것이다. 아마 두 가지 이유가 있을 것이다. 하나는 그 코치들이 자신의 명령이나 지시가 효과가 있을까 생각해보지도 않은 것이다. 다른 하나는 명령과 지시라는 자극을 주면 선수가 맹목적으로 잘 따를 것이라고 착각한 것이다.

그럼 이쯤에서 당신은 "효과적인 질문의 예를 들어주십시오!" 하고 요청할 것이다. 바로 아래에 그 예를 들어놓겠다.

"그 일은 당신이나 다른 사람에게 어떤 결과를 가져다주는가?"

"당신은 어떤 기준을 따르는가?"

"이 일에서 당신에게 가장 어려운 부분은 무엇인가?"

"동료가 당신과 같은 상황에 놓였다면 어떤 조언을 해주고 싶은가?"

"그것을 하면 무엇을 얻을 것 같은가?"

"그것을 하지 못하면 무엇을 잃을 것 같은가?'

"박 과장의 아이디어에 대해 당신은 어떻게 생각하는가?"

"당신이 사장이라면 어떻게 판단할 것인가?"

"이 문제가 발생한 근본 원인은 무엇이라고 생각하는가?"

상대방의 답변이 끝났을 때 "그것 말고 다른 건 없나요?" 하고 물으면 더 많은 대답이 나올 것이다. 상대방의 속마음에 있는 답변까지 모두 끌어내는 것은 질문자가 어떻게 질문하느냐에 달려 있다.

7. 질문 프로세스

1단계: 분위기 조성하기

상대방이 대화에 효과적으로 참여하게 하기 위한 준비 과정이다.

충분한 분위기 조성 없이 대화를 진행하면 클라이언트는 말문을 닫아버리고, 나누고자 하는 대화의 주제가 본인의 문제라는 것조차 인식하지 못하게 된다. 따라서 질문 전에는 상대방이 답변할 마음의 자세를 가질 때까지 분위기를 조성하기 위한 대화를 나눈다. 분위기 조성을 위한 대화는 관계지향적 대화가 효과적이다.

아주 부적절[Worst]한 사례

조 팀장: 김 대리. RS2039 커넥팅로드 품질 문제의 원인이 뭐야? 분석한 자료 좀 가지고 와봐.

김 대리: 아직 분석 중입니다.

조 팀장: 어떻게 업무 지시를 내리면 매번 분석 중이라는 거야?

김 대리: ….

조 팀장: 도대체 일을 하는 거야, 마는 거야? 입이 있으면 말 좀 해봐. 어이, 박 과장! 박 과장은 알고 있나?

박 과장: 저~어, 그게 말입니다.

조 팀장: 저어 뭐? 아이구 이 답답한 사람들아. 내가 당신 같은 사람들 하고 일을 하려니 피가 말라. 아휴~, 답답해!

상당히 적절[Best]한 사례

박 팀장: 이 대리, 오늘 무슨 좋은 일 있어? 오늘따라 멋있는 얼굴이 더 멋져 보여.

이 대리: 네, 집사람이 오늘 과장으로 승진했답니다.

박 팀장: 그래? 축하해! 부인께 진심으로 축하한다고 전해주게.

이 대리: 예, 고맙습니다. 팀장님!

박 팀장: 이 대리처럼 성실한 사람은 복이 늘 따라오는 것 같구먼.

이 대리: 과찬이십니다.

박 팀장: 이 대리! 다름이 아니고 저번에 문제가 된 RS2039 커넥팅로드 품질 문제에 관해 얘기 좀 하고 싶은데, 언제 시간이 되나?

이 대리: 그렇잖아도 RS2039 커넥팅로드 샤르피 충격 시험 결과에 대한 보고서를 쓰는 중인데, 두 시간 후면 마무리 됩니다. 그때 뵈면 어떨까요?”

박 팀장: 벌써 충격 시험 결과가 나왔나? 잘 됐네. 그러면 어디서 미팅

을 하는 게 좋을까?

이 대리: 팀장님께서 편하신 데서 하시지요.

박 팀장: 그래, 그러면 오후 3시에 내 방에서 보자고.

이 대리: 예, 그러면 찾아뵐 때 샤르피 충격 시험 결과와 경쟁사 제품 비교 현황을 가지고 가겠습니다. 이외에 다른 자료도 필요하시면 말씀해주십시오. 준비해가겠습니다.

박 팀장: 그 정도면 오늘 미팅용으로 충분해. 이따 보자고, 이 대리!

이 대리: 네, 알겠습니다. 이따 뵙겠습니다.

2단계: 질문의 목적 명확하게 하기

질문의 목적이 상대방의 업무 실적을 평가하거나 진단하기 위한 것이 아니라, 클라이언트의 문제 해결을 도와주기 위한 정보를 얻거나 문제에 대한 자각 및 책임감을 일깨워주기 위한 것임을 직간접적으로 알려준다. 상대가 평가를 받는다는 느낌이 들면 대화의 장으로 나오지 않거나, 매우 수동적인 자세로 대화에 참여하게 된다.

3단계: ASK

폐쇄형 질문보다는 개방형 질문을 통해 상대방이 깊이 있게 생각한 후 긍정적인 답변을 하도록 질문해야 한다.

질문에만 집중하면서 한 번에 하나씩만 질문해야 한다. 아울러 심문이 아니라 대화를 하고 있다는 사실을 잊어서는 안 된다. 그러니 대답을 성급히 요구해서는 안 되며, 시간을 충분히 주어야 한다. 클라이언트의 저항이 생기면 침묵의 시간을 갖는 것도 필요하다.

4단계: 공감적 경청하기

상대방이 한 말이나 행동 등 밖으로 나타나는 표현뿐만 아니라, 상대방의 동기, 태도, 기분 등 속마음까지 읽을 수 있어야 한다.

상대가 하는 말에 맞장구를 쳐주고, 공감도 해주어야 한다. 공감이란 상대방의 의견에 동의한다는 게 아니라, 감정을 공유해주는 것이다. 공감은 상대방의 말이 옳고 그름에 관계없이 상대방의 감정을 그대로 어루만져 주는 행위다. 때때로 상대방이 한 말을 체크해주는 과정도 필요하다. 다음과 같은 식으로 말이다.

김 대리: 제 생각에는 A 방안이 비용과 품질 면에서 가장 효과가 좋다고 생각합니다.

박 팀장: 그러니까 김 대리가 보기엔 A 방안이 비용과 품질 면에서 가장 바람직하단 얘기군.

이렇게 체크하기식 질문을 하면 상대방은 자신이 존중을 받고 있다는 느낌을 품게 된다. 또한 체크하기식 질문을 하면 상대방이 한 이야기와 내가 들은 내용이 일치하는지를 파악할 수 있다.

5단계: 피드백하기

　골프 선수 타이거 우즈나 영화배우 줄리아 로버츠 같은 세계적인 사람들도 코치로부터 피드백을 받는다. 그들이 피드백을 받는 이유는 오늘보다 더 성공적인 삶을 살아가기 위함이다. 피드백은 동기 부여를 가능하게 하고, 목표 달성에 이르게 하는 안내자다.

　클라이언트는 자신의 대답이 어떻게 되었는지 알 권리가 있다. 피드백이란 상대방의 말이나 행동에 대한 나의 생각, 느낌 그리고 바람을 전달해주는 과정이다. 피드백 시 가장 주의해야 할 점은 상대방의 감정을 상하지 않게 하는 일이다. 물론 감사의 말도 잊지 않아야 한다.

8. 질문의 유형

질문에는 어떤 종류가 있을까? 우리는 대화를 하면서 수많은 질문을 하지만, 질문을 어떻게 하느냐에 따라 대답의 결과가 달라진다는 사실을 망각하는 경우가 많다. 만일 내가 상황별 질문 유형과 방법을 잘 알고 있다면, 내가 대화의 주도권을 가지고 효과적으로 상대방을 통제할 수 있다.

질문의 유형은 매우 다양하고, 유형별로 각각의 특성이 있으므로 상황에 따라 질문의 유형을 적절히 선택하여 사용하면 된다.

각 질문의 유형과 예시를 살펴보자.

〈닫힌 질문 VS. 열린 질문〉

닫힌 질문

가. 의미

해답이 하나밖에 없어서 누구에게 질문하더라도 기본적으로 같은 대답이 나오거나, '예'나 '아니오'로 대답할 수 있는 질문을 말한다. 이런 질문을 받은 사람은 별로 생각하지 않고 바로 대답할 수 있다.

나. 예시

"자네, 입사한 지 몇 년 되었나?"

"그러니까 당신 답은 'YES'요, 'NO'요?"

"제안서가 잘못 되었단 말인가?"

"고객과의 관계가 좋다는 건가, 나쁘다는 건가?"

"품질이 중요합니까? 기능이 더 중요합니까?"

"현재 사용하는 제품에 만족하십니까?"

다. 특징

영업에서 고객의 의사 결정을 마무리하고자 할 때 효과적인 질문법이다. 열린 질문을 통해 고객에 대한 정보를 충분히 얻었다면, 이번에는 결정적인 질문을 통해 고객이 구매 결정을 하게끔 해야 한다.

"고객님! 저희 제품을 어떻게 생각하십니까?" 이것은 열린 질문이

다. 이렇게 질문하면 고객 중 십중팔구는 우리 제품을 선택하지 않을
것이다.

그러나 "고객님! 저희 제품은 세계 최고의 브랜드가 만든 겁니다. A,
B, C 제품 중 어느 걸 선택하시겠습니까?" 또는 "고객님! A 제품은 이
러저러한 특징이 있으며, B 제품은 저러이러한 특징이 있고, C 제품은
요로조로한 특징이 있습니다. 고객님의 피부를 분석해보니, B 제품이
가장 적합하네요. B 제품을 선택하시는 것이 어떻겠습니까?" 하고 닫
힌 질문을 하면 고객은 "예, 그렇게 하겠습니다" 또는 "C 제품으로 주
세요" 하고 대답할 수 밖에 없을 것이다. 이와 같이 상대방이 의사 결
정을 신속하게 하도록 유도하는 질문이 닫힌 질문의 특징이다. 그럼
닫힌 질문을 통해 고객이 "예" 하고 대답하도록 유도한 사례를 보자.

판매자: 고객님! 자제분이 고3이라고 하셨죠? 많이 피곤해 하지 않나요?

고 객: 네, 요즘 들어 부쩍 피곤해 해요.

판매자: 그러면 건강식품이나 피로회복제가 필요하시겠군요?

고 객: 네, 그래요.

판매자: 모든 건강식품이 그렇듯, 복용이 간편하고 몸에 흡수가 잘되는
　　　　　게 중요하다는 것 아시죠?

고 객: 그럼요, 잘 알죠.

판매자: 그리고 천연 물질로 만든 게 몸에 잘 흡수된다는 것도 잘 아시
　　　　　겠네요?

고　　객: 네, 알고 있어요.

판매자: 저희 제품이 흡수가 잘되는 천연 물질로 만든 제품이라면 구
　　　　매할 생각이 있으신가요?

고　　객: 네.

판매자: 그러면, 몇 박스 드릴까요?

고　　객: 다섯 박스 주세요.

열린 질문

가. 의미

질문 받은 사람이 지닌 능력이나 가능성을 확장시켜 주는 질문으
로, "예"나 "아니오"로 대답할 수 없는 질문이다. 질문을 받은 사람이
자유롭게 자신의 관점에서 생각하고 말할 수 있는 질문이기도 하다.

나. 예시

"이 제안서에 대해 어떻게 생각하나?"

"고객과의 관계가 어떤가?"

"A안과 B안에 대한 당신의 생각은 뭔가요?"

"고객의 입장은 뭡니까?"

"품질 개선 방안은 뭔가요?"

"이 문제가 발생한 가장 큰 원인이 뭔가요?"

다. 특징

　열린 질문은 클라이언트에 대한 정보를 얻고, 자각과 동기 부여를 하기 위한 질문이다. 따라서 코치가 질문을 한 뒤에 코칭을 받는 사람이 답에 대해 생각할 시간적 여유를 주는 것이 중요하다.

　질문은 광범위하게 시작한 뒤 그 범위를 차츰 줄여가는 방식으로 진행하는 것이 효과적이다. 또한 코치의 관점에서 코치가 하고 싶은 질문을 하는 것이 아니라, 코칭을 받는 사람의 관심과 사고를 쫓아가는 질문을 해야 한다.

　코칭에서는 닫힌 질문보다는 열린 질문을 빈번하게 활용해야 한다.

　그럼 닫힌 질문을 열린 질문으로 바꿔보는 사례를 살펴보자.

– 이 제품에는 문제가 없습니까? – 2시에 출발하면 정시에 도착할 수 있습니까? – 강의가 재미있었습니까? – 새로운 부서장이 마음에 드십니까? – 가격이 우선입니까? – 인센티브를 많이 주면 영업 사원들의 사기가 높아지겠습니까?	– 이 제품의 문제는 무엇입니까? – 정시에 도착하려면 언제 출발하면 됩니까? – 강의가 어땠습니까? – 새로운 부서장은 어떻습니까? – 가장 우선인 것은 무엇입니까? – 영업 사원들의 사기를 높이려면 어떻게 하면 좋겠습니까?

〈과거형 질문 VS. 미래형 질문〉

과거형 질문

가. 의미

질문 속에 과거형의 단어가 포함된 질문이다. 문제의 원인이나 책임을 묻는 질문으로 가능성을 한정하는 단점이 있다.

나. 예시

"왜 그렇게 한 거지?"

"이런 상황이 발생한 이유가 무엇인가?"

"왜 실패했다고 생각하나?"

"지난달 OTT 불량률이 몇 퍼센트였지?"

"왜, 지난 3월달 실적이 이렇게 저조했나?"

"OKT 제품이 유럽에 성공적으로 진입했다더군. 요인이 뭔가?"

"작년 실적이 국내 1위였던데, 무슨 전략을 쓴 건가?"

다. 특징

제품을 개선하려면 과거에 발생한 문제들을 찾아보는 것이 중요하다. 과거형 질문은 이미 발생된 문제의 재발을 방지하는 데 효과적이다. 또한 코칭 상황에서 칭찬을 위한 성공 경험을 물어볼 때 효과적이다. 그러나 잘못 사용하면 상대를 추궁하는 질문이 될 수 있으니,

단어를 선택할 때 신중해야 한다.

미래형 질문

가. 의미

질문 속에 미래형의 단어가 포함된 질문이다. 앞으로 그렇게 될 것, 혹은 그렇게 될 가능성에 대한 질문으로 질문 받은 사람의 가능성을 확대시키는 질문이다.

나. 예시

"앞으로 어떻게 할 건가?"

"이 상황이 계속되면 무슨 일이 일어나리라 예상되는가?"

"어떻게 하면 성공할 수 있을까?"

"당신의 비전은 무엇인가?"

"제약 산업의 미래 전망을 어떻게 예측하는가?"

다. 특징

미래에 대한 질문에는 부정적인 면도 포함되지만, 긍정적인 가능성에 대한 질문을 주로 하는 것이 바람직하다. "네 능력을 보면 너는 이 프로젝트도 성공시킬 수 없을 거야? 그렇게 생각하지 않니?"보다는, "너라면 이 프로젝트도 틀림없이 성공시킬 수 있을 거야? 그렇지 않니?" 하고 말하는 식이다.

〈부정형 질문 VS. 긍정형 질문〉

부정형 질문

　가. 의미

　질문 속에 부정적인 의미가 숨어 있는 질문으로, 질문 받은 사람의 의식을 부정적이고 바람직하지 않은 방향으로 이끄는 경우가 많다. 그러나 문제를 생각해낼 때는 매우 유용하다.

　나. 예시

“안 되는 이유가 뭔가?”

“해결되지 않으면 어떤 문제가 발생하겠는가?”

“그 사람은 이 프로젝트에 맞지 않는 사람이라 보지 않는가?”

“이 제품의 문제가 뭔가?”

　다. 특징

　이러한 질문법을 사용하면 질문 받은 사람이 부정적인 의식을 가질 가능성이 높다. 하지만 아이디어를 짜낼 때는 매우 유용하다. 즉, 현재의 방법이나 프로세스, 재료 등을 부정하고, 그 부정한 것을 개선하면 완전히 다른 결과물을 창출할 수 있기 때문이다. 물론 그 개선 과정에서 문제의 근본 원인을 효과적으로 파악할 수 있다. 특히 다음과 같은 질문들은 부정적인 사고를 가진 사람에게 문제점을 제시하게 할 때 유용하다.

"안 된다는 이유가 무엇인가?"

"왜 이와 같은 문제가 발생했는가?"

이에 기반하여 나온 아이디어 발상 기법이 '결점열거법'인데, 그 예는 다음과 같다.

"이 자동차의 결점은 뭔가?"

답1: 연료를 너무 많이 소모합니다.

답2: 차체가 너무 무겁습니다.

답3: 수리비가 너무 많이 듭니다.

답4; 안전성이 떨어집니다.

이렇게 부정적인 것을 열거한 뒤, 그 부정적인 것을 제거하는 방법을 마련함으로써 개선된 결과물을 창출할 수 있다.

긍정형 질문

가. 의미

질문 속에 긍정적인 의미가 있는 질문으로, 질문 받은 사람의 의식을 긍정적이고 바람직한 방향으로 이끈다.

나. 예시

"어떻게 하면 순조로워질까?"

"바람직한 방법은 뭔가?"

"좋은 방법이 뭘까?"

다. 특징

긍정적 사고를 가진 사람에게 희망 사항을 말하게 함으로서 새로운 관점의 아이디어를 짜내게 하는 데 유용하다. 아이디어 발상 기법으로는 다음과 같은 '희망점열거법'이 있다.

"OO한 자동차가 있다면?"

답1: 날아가는 자동차를 만들어보면 어떨까?

답2: 바퀴가 없는 자동차를 만들어보면 어떨까?

답3: 무게를 70퍼센트 이상 줄인 자동차를 만들 수 있지 않을까?

이렇게 희망에 관한 질문을 통해 획기적인 형태의 자동차에 대한 아이디어를 짜낼 수 있다.

〈기타 질문 방법〉

브레인스토밍 질문

가. 특징

브레인스토밍의 네 가지 원칙인 비판 금지, 자유분방, 다다익선多多
益善, 모방하기에 따라 사람들의 다양한 아이디어를 자유롭게 얻기
위한 질문이다.

나. 예시

"형식에 구애 받지 말고 자유롭게 얘기해보면 어떨까?"

"다른 사람의 아이디어를 비판하지 않고서 얘기해보는 건 어떨까?"

"다른 사람의 아이디어에 편승해서라도 새로운 아이디어를 짜내보
면 어떨까?

"사소한 것도 좋으니 돌아가면서 말해보는 건 어떨까?"

좁혀나가는 질문

가. 의미

최종 의사 결정이나 정보에 대한 해석을 용이하게 하기 위하여 정보
데이터(Data)의 크기를 좁혀가는 질문을 말한다.

나. 예시

"지금 낸 아이디어를 세 가지로 정리해보면 어떨까?"

"이 중에서 제일 중요한 게 뭔가?"

가능성의 확대를 위한 질문

가. 의미

더 많은 다양한 가능성을 찾아내기 위한 질문이다.

나. 예시

"비용의 제약이 없다면 어떤 아이디어를 더 짜내볼 수 있을까?

"만약에 김 대리가 마이콤 기술을 가지고 있다면, 이 제품을 어떻게 개선할 수 있을까?"

"이 프로젝트를 팀 활동으로 접근하는 데 어떤 장점이 있을까?"

저항을 극복할 수 있는 질문

가. 의미

실행하지 않거나 의사 결정을 하지 않음으로써 발생할 수 있는 문제점을 제기함으로써, 개인 또는 조직의 불만이나 저항을 감소시키고자 하는 질문법이다.

나. 예시

"이 문제를 당장 해결하지 않으면 이 대리에게 무슨 일이 벌어질 것 같나?"

"실행이 지연되면 어떤 문제가 발생하리라 보는가?"

"이 방안을 택하지 않아서 일어날 경쟁사의 위협은 생각 안 했나?"

필요 사항을 체크해보는 질문

가. 의미

MECE(Mutually Exclusive and Collectively Exhaustive, 중복 없이 누락 없이)의 법칙에 의거하여 일을 수행하는데 있어 중복이나 누락이 없는지 체크해보는 질문이다.

나. 예시

"이 일을 하려면 어떤 역량이 필요한가?"

"자원은 어느 정도 필요한가?"

"외부 전문가로부터 지원을 받는 건 어떨까?"

"비용은 얼마나 필요한가?"

"불필요한 공정은 없나?"

"타 부서에서 이 일과 똑같은 업무를 동시에 수행하지는 않는가?"

관점을 바꾸는 질문

가. 의미

새롭고 혁신적인 아이디어를 얻기 위해 다른 각도, 다른 관점에서 다양한 생각을 해보도록 하는 질문이다.

나. 예시

"정 차장이 사장이라면 어떻게 판단하겠나?"

"A라는 관점에서 생각해보면 어떨까?"

"고객이라면 어떤 요구를 할 것 같나?"

제2부

1. 코칭에서 없어서는 안 되는 질문의 기능

　가. 질문은 상대에 대한 정보를 입수하는 데 요긴하다.

　나. 질문을 하면 상대의 욕구를 파악할 수 있다.

　다. 클라이언트는 코치의 질문에 대답하면서 자신의 문제가 무
　　　엇인지 스스로 깨닫게 된다.

　라. 클라이언트의 문제가 해결된 뒤, 클라이언트 개인에게 어떤
　　　이익[benefit]이 있었는지 스스로 깨우치게 한다.

2. 문제를 효과적으로 해결하는 사람들의 특성

　가. 자기가 하는 일에 자긍심을 가지고 있다.

　나. 매우 긍정적인 마인드를 가지고 있다.

　다. 책임 의식을 가지고 있다.

　라. 자기 계발에 집중한다.

3. 가치 있는 질문을 하려면

　가. 긍정적인 질문을 많이 하라.

　나. 문제(과제)를 해결할 때까지 끊임없이 질문하라.

　다. 필요시 전문가의 도움을 적극적으로 받아라.

4. 질문 프로세스

가. 1단계: 분위기 조성하기

나. 2단계: 질문의 목적을 명확하게 하기

다. 3단계: ASK

라. 4단계: 공감적 경청하기

마. 5단계: 피드백하기

5. 질문의 유형

가. 닫힌 질문

해답이 하나밖에 없어서 누구에게 질문하더라도 기본적으로 같은 대답이 나오거나, "예"나 "아니오"로 대답할 수 있는 질문이다.

나. 열린 질문

질문 받은 사람이 지닌 능력이나 가능성을 확장시켜 주는 질문으로, "예"나 "아니오"로 대답할 수 없는 질문이다.

다. 과거형 질문

과거형의 단어가 포함된, 문제의 원인이나 책임을 묻는 질문이다. 가능성을 한정한다는 단점이 있다.

라. 미래형 질문

질문 속에 미래형의 단어가 포함된, 앞으로 그렇게 될 것,
혹은 그렇게 될 가능성에 대한 질문이다. 질문 받은 사람의
가능성을 확대시키는 질문이다.

코칭 커뮤니케이션

제3부

코칭 커뮤니케이션

1. 우리가 미처 몰랐던 긍정적 말의 힘

말은 우리를 치유할 수도 있고, 상처를 줄 수도 있다.

심리학자이자 기업컨설턴트인 마셜 로사다 박사는 60개 회사를 대상으로 이에 관한 실험을 했다. 일단 실험 집단을 업무 성과가 상위인 팀, 중간인 팀, 하위인 팀으로 분류한 다음, 팀의 수준을 모르는 외부 언어전문가들에게 각 실험 집단이 전략 회의 중 나눈 대화의 내용을 분석하게 했다.

그 결과 긍정적인 단어를 많이 사용할수록, 다른 이를 배려하는 말을 많이 할수록, 그리고 현 상황에 대해 변명하기보다 개선해보자는 내용의 주장을 많이 할수록 높은 성과를 내고 있다는 사실을 밝혀냈다. 구체적으로는 긍정적인 발언의 비율과 부정적인 발언의 비율이 상위인 팀은 5.6 대 1, 중간인 팀은 1.8 대 1, 하위인 팀은 0.36 대 1이었다. 즉, 상위 팀 구성원들이 긍정적인 발언을 하는 경우가 다른 팀 구성원들의 경우에 비해 아주 높게 나타난 것이다. 이는 구성원들의 긍정적 사고가 업무 성과에 어떤 영향을 미치는지를 단적으로 보여준다.

물론 무조건적인 긍정이 상황을 꼭 좋게 만드는 것은 아니다. 하지만 로사다 박사의 실험 결과를 보듯이 무조건적인 부정은 매우 나쁜 상황을 만들어낸다. 부정적인 대화와 긍정적인 대화의 가장 이상적인 비율은 1 대 3에서 1 대 9까지라고 한다. 그러니까 긍정적인 대화를 많이 할수록 좋은 것이다.

로사다 효과

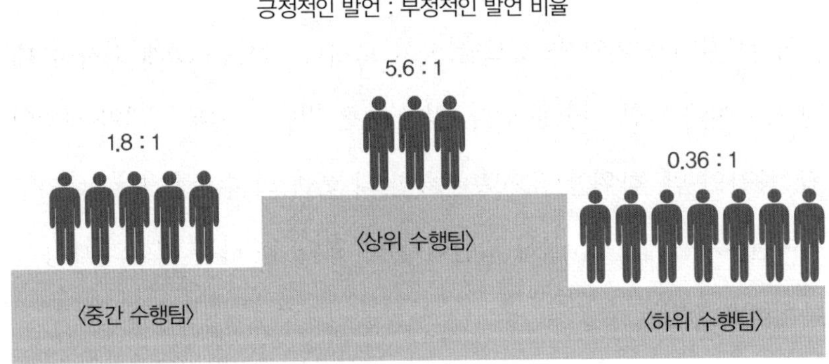

긍정의 힘과 관련된 둘째 실험의 결과는 다음과 같다.

먼저 긍정적인 상호 작용의 비율과 부정적인 상호 작용의 비율이 5 대 1에 가까워질수록 결혼 생활이 성공적일 가능성이 더 높아진다는 가설을 세웠다. 그런 다음 신혼부부 700쌍의 대화 내용을 분석했더니 '94퍼센트 적중'이라는 결과가 나왔다. 즉, 긍정적인 대화를 많이 하는 사람들이 행복하게 살고 있으며, 긍정적인 대화와 부정적인 대화의 비율이 1 대 1에 가까워질수록 이혼으로 치닫게 된다는 것이다.

마법의 비율 5:1

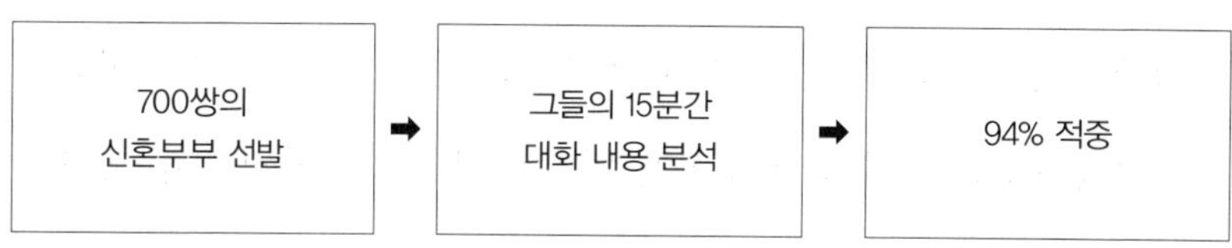

긍정적인 말과 관련된 놀라운 연구 결과가 하나 더 있다. 평생 수녀로 살겠다는 하나님과의 약속인 종신 서원을 한 180명의 수녀를 대상으로 수명과 행복에 관해 연구했다고 한다. 이 연구의 자료는 서원을 할 때 자신의 삶을 짤막하게 소개하는 글을 분석한 것이었다.

세실리아 오페인 수녀는 1932년 밀워키에서 종신 서원을 하고 수녀가 되었다. 그녀의 글을 보자.

"주님께서는 헤아릴 수 없이 귀한 은총을 제게 베푸시어 인생을 잘 출발하도록 이끌어주셨습니다. 수련 수녀로서 노트르담 수녀회에서 학습하며 보낸 그 세월 동안 저는 참으로 행복했습니다. 지금 저는 '성스러운 성모 마리아의 수도복을 받고, 사랑의 하나님과 더불어 살아가는 것'을 크나큰 기쁨으로 여깁니다."

같은 해 마거리트 도넬리라는 수녀는 다음과 같이 썼다.

"저는 1909년 9월 26일, 2남 5녀 중 맏이로 태어났습니다. 수도회 본원에서 수련 수녀로서 지낸 첫해에는 화학을 가르쳤고, 그 다음 해에는 노트르담 학교에서 라틴어를 가르쳤습니다. 하나님의 은총으로 저는 수도회와 전교 활동을 위해, 그리고 저 자신의 영적 성장을 위해 최선을 다할 생각입니다.”

여러분은 이 두 명의 수녀 중 누가 더 건강한 상태로 오래 살았을 것이라고 생각하는가? 수녀원의 생활 조건은 모두 비슷하기 때문에 환경적인 요인은 그다지 큰 영향을 미치지 않았다고 가정할 수 있다.

이미 짐작하겠지만 세실리아 오페인 수녀였다. 그녀는 아주 건강하고 행복하게 살았다. 반면에 마거리트 도넬리 수녀는 59세에 뇌졸중으로 쓰러져 얼마 뒤 사망했다.

무엇이 이들의 삶을 다르게 만들었을까? 그것은 기쁨이었다. 세실리아 수녀는 그녀의 글에서 ‘기쁨’과 ‘행복’이라는 긍정적인 단어를 많이 사용했다. 그것이 그녀가 건강하게 장수하도록 만든 것이다. 실제로 기쁨을 품고 활기차게 산 수녀들 중 90퍼센트가 85세 이상의 삶을 산 반면, 무미건조한 삶을 산 수녀들 중 34퍼센트만 85세를 넘겼다.

코치의 긍정적인 언어는 클라이언트의 문제 해결에 긍정적인 영향을 준다. 긍정적인 말이 클라이언트의 말과 행동 유전자를 바꾸기까지 할 수 있다. 이는 메사추세츠 종합병원의 허버트 밴슨 박사에 의해 검증된 바 있다. ‘평화’나 ‘사랑’처럼 긍정적인 말들은 뇌와 신체의 유전자 발현을 바꿀 수 있는 힘을 가지고 있어서 우리가 하루 동안 겪는 육체적·감정적 스트레스의 양을 줄여주는 방식으로 유전자를 자극하거나 잠잠하게 해준다.

그렇다면 긍정적인 생각이 지나쳐서 부작용을 일으킬 경우는 없을까? 물론 그럴 수 있다. 특히 '탁월하다', '끝내준다', '환상적이다', '엄청나다', '믿기 힘들다', '경이롭다'처럼 과장할 경우가 그렇다. 말이나 글에서 극단적으로 긍정적인 말을 과용하면 상대방은 당신을 기만적인 사람이라고 보고 불신하기 쉽다. 이는 누군가의 얼굴이나 어조에서 부정적인 낌새를 탐지하도록 설계된 뇌의 자연스러운 기능 때문이다. 이러한 문제에 대한 해결책은 긍정적이되 정직해지는 것이다. 스스로를 실제 이상으로 뻥튀기할 필요가 없다.

2. 코칭 커뮤니케이션

커뮤니케이션이란 송신자(말하는 사람)와 수신자(듣는 사람)가 느낌, 생각, 의견, 욕구 등을 언어적·비언어적 수단을 통해 서로 교환하는 일련의 과정을 말한다. 물론 상호 이해에 도달했을 때 의사소통이 제대로 이루어졌다고 할 수 있다.

그러면 송신자와 수신자 사이의 의사소통 비율은 얼마나 될까? 유감스럽게도 36퍼센트 정도밖에 되지 않는다. 말하는 사람은 자기가 의도한 생각이나 느낌, 욕구 등을 60퍼센트 정도밖에 표현하지 못하고, 듣는 사람도 상대방의 이야기를 60퍼센트 정도밖에 알아들을 수 없다는 것이다. 따라서 일반적으로 의사소통 비율은 '송신자 × 수신자 = 36퍼센트'에 불과한 것이다. 아마 여러분도 상대방의 이야기를 제대로 알아듣지 못하고도 이해한 것처럼 고개를 끄덕이는 등의 반응을 보인 경험이 있을 것이다.

코칭 커뮤니케이션은 송신자와 수신자 사이의 이러한 갭(Gap)을 줄이는 과정이다. 물론 갭을 줄이려면 언어적·비언어적 수단을 잘 익히고 적용하는 훈련을 받아야 한다.

커뮤니케이션 모델

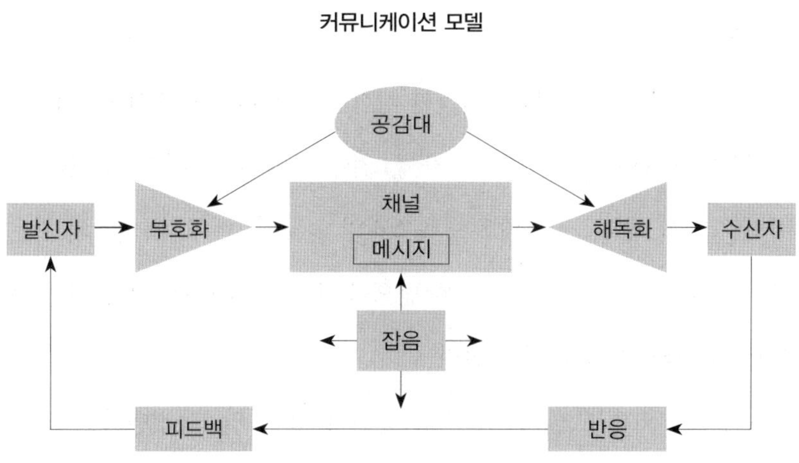

한 예로 뱃속의 아기는 엄마와 어떻게 의사소통을 할까? 태아는 사실 자기에게 공포감을 주거나 시끄럽게 떠드는 소리에 반응한다. 엄마의 분노, 근심, 공포 등의 감정은 태아가 심한 발길질을 하는 원인이 된다. 질병이 있을 때도 태아는 발길질을 통해 엄마와 커뮤니케이션을 한다. 청각학자 미셸 클레맨츠는 이를 실험으로 증명했다.

시끄러운 소리에 태아가 반응한다는 부인의 이야기를 믿지 않던 아기 아빠에게 어느 날 실험실에서 부인의 복부에 입을 대고 큰소리를 지르게 했다. 바로 그때 부인의 복부가 갑자기 부풀어 오르며 솟구치는 현상이 일어났다. 큰소리에 놀란 태아가 발로 세게 차며 싫다는 뜻을 표현한 것이다. 이로써 남편은 아내 뱃속의 자식이 자기 말을 들을 수 있고 자기의 감정도 표현한다는 것을 깨닫고 조심스럽게 행동했다. 이와 같은 비언어적 의사 전달 방법을 가리켜 '행위의 의사소통'이라고 한다. 즉, 커뮤니케이션은 이와 같이 말을 비롯한 다양한 매체에 의해 이루어진다.

만일 두 사람에게 커뮤니케이션 시간이 충분히 주어진다면, 커뮤니케이션의 55퍼센트는 제스처, 자세, 얼굴 표정 같은 시각적인 몸짓언어의 영향을 받고, 38퍼센트는 목소리의 높낮이, 빠르기, 어조와 같은 말의 전달 방식으로부터 영향을 받으며, 불과 7퍼센트만이 말의 내용으로부터 영향을 받는다고 한다.

그러므로 코치도 클라이언트도 자신이 하는 말, 몸짓언어, 그리고 목소리 톤이 일치되고 있는지 수시로 체크해야 한다. 만일 상대의 질문에 말로는 "예" 하고 하면서 고개를 좌우로 흔든다거나 불만스러운 표정을 짓는다면, 상대방은 "아니오"로 해석할 수도 있다. 여러분은

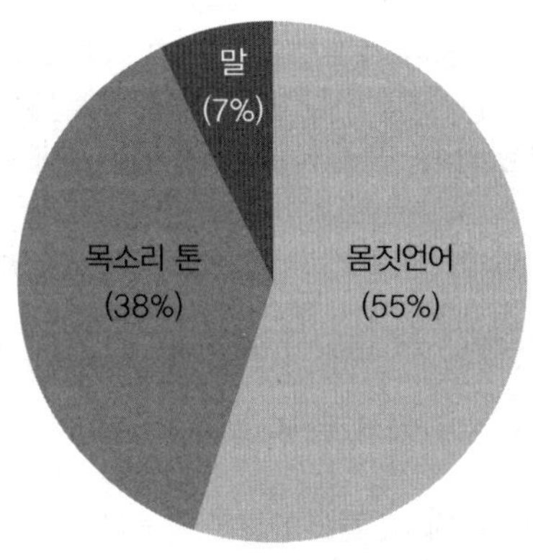

메라비안(Mehrabian)의 법칙

"난 그 사람이 한 말을 도무지 알아먹을 수가 없어" 하고 생각하는 경험을 종종 해봤을 것이다. 이것은 언어의 전달 방식이 서로 일치하지 않아서 다르게 전달되었기 때문이다.

"이 프로젝트는 반드시 성공시키겠습니다."

그런데 목소리의 톤이나 표정에서 열정과 자신감이 전혀 보이지 않는다. 아랫사람이 말로는 프로젝트를 반드시 성공시키겠다고는 하지만, 이 말을 들은 윗사람은 이 프로젝트가 성공적으로 이루어질 것 같지 않다는 생각마저 들 것이다. 말과 제스처와 목소리의 톤이 따로 놀았기 때문이다.

"눈은 마음의 거울이다"라는 말이 있다. 이 말의 키워드는 신뢰 [trust]다. 코치와 클라이언트가 서로 눈을 맞추는 것이야말로, 코치가 클라이언트의 메시지를 집중하여 듣고 있다는 신뢰의 메시지다. 대화를 나눌 때 눈을 감거나 허공을 바라보거나 초점이 없다면, 클라이언트는 코치를 신뢰하지 않는 것은 물론 코치가 무례하기 짝이 없는 사람이라고 여길 것이다. 그러므로 코치는 클라이언트와의 대화 때 팔짱을 끼거나 다리를 꼬면 안 된다. 이러한 자세를 취하면 클라이언트는 코치가 거만하다고 평가하거나, 자기 말에 관심을 보이지 않는다고 판단하게 된다.

19세기 미국의 철학자 랄프 왈도 에머슨은 이렇게 말했다.

"당신이 크게 말하면, 저는 들을 수 없습니다."

클라이언트는 코치의 목소리 톤에서도 코치에 대한 정보를 얻는다.

만약 코치인 당신이 말을 할 때 톤이 낮고 단조로우면 클라이언트는 당신의 이야기에 귀를 기울이지 않을 것이며, 이내 지루해할 것이다. 또한 코치는 말을 할 때 발음을 명확하게 또박또박 말해야 한다. 특히 서술어를 낮은 목소리로 불명확하게 발음하는 것에 주의해야 한다. 일례로 "반드시 본 프로젝트를 성공시키겠습니다"라든가, "이것이 제 미션이자 역할입니다"라는 말을 따라해보라. 아마 여러분 중에도 '~니다'를 들릴 듯 말 듯 소리를 내는 사람이 있을 것이다. 물론 이렇게 발음하면 듣는 사람은 말하는 사람이 자신감이 없어 보여서 신뢰하지 않게 된다.

코칭 커뮤니케이션의 기본은 '미·인·대·칭'이다. 그러니까 미소짓고, 인사하고, 대화하고, 칭찬하는 것이 코칭 커뮤니케이션의 기본이다.

일반 커뮤니케이션과 코칭 커뮤니케이션의 차이점

가. 내가 대화의 중심이다 VS. 상대가 대화의 중심이다

일반적인 대화는 주로 자신의 생각을 상대방에게 전달하는 형태로 이루어진다. 그러나 코칭 커뮤니케이션에서는 상대방이 말을 많이 하도록 유도하고, 상대방의 입장에서 이야기를 듣는 것이 기본이다. 그러니까 자신은 상대의 이야기를 적극적으로 경청하면서, 상대가 이야기를 많이 하게끔 하는 것이 코칭 커뮤니케이션의 기본이다.

나. 일방적으로 말한다 VS. 대화에 끌어들인다

왜 일방적으로 말을 하게 되는지 물어보면, 많은 사람이 종종 이렇게 하소연한다. 상대방이 말을 하지 않다 보니 자연스럽게 내가 말을 많이 하게 된다고 말이다. 그러나 이런 사람들은 대개 상대방이 의견을 제시하는 데 필요한 생각할 시간을 주지 않는다.

상대방을 대화에 끌어들이려면 폐쇄형 질문보다는 개방형 질문을 많이 해야 한다. 예를 들면 "이 프로젝트를 효과적으로 실행하는 데 필요한 게 뭘까?", "이 방안에 대한 김 대리의 생각은 뭔가?", "품질보증실은 OO라 대답하던데, 조 과장은 이 답변 내용을 어떻게 생각하나?" 같은 식이다.

이렇듯 질문 방법을 다양하게 활용하고, 상대를 존중하는 마음을 가진다면 코치는 클라이언트를 대화의 장에 쉽게 끌어낼 수 있다.

다. 재촉한다 VS. 기다린다

사람들은 대개 상대방의 이야기를 듣고 있으면 마음이 답답해지고 초조해진다. 이는 매우 자연스러운 반응이다. 그러나 코칭을 할 때에는 클라이언트의 이야기를 인내심을 갖고 들어주어야 한다. 클라이언트가 답을 다 정리하지 못했는데 코치가 답을 재촉하면, 클라이언트는 당황하게 되면서 코치와의 정상적인 대화를 할 수 없게 된다.

훌륭한 코치는 시간적·정신적 여유를 가지고 기다리는 대화를 해야 한다. "충분히 생각하고서 이야기해도 좋네"라든가, "오늘 이야기하기 어려우면, 좀 더 생각한 후에 이야기해보세", 혹은 "좀 더 기다려줄까?" 하고 말할 줄 알아야 한다.

라. 일방적 답변 VS. 근거가 있는 답변

코칭 커뮤니케이션은 쌍방향 커뮤니케이션이다. 따라서 클라이언트도 코치에게 질문하는 상황이 발생하기도 한다. 이때 코치는 클라이언트의 질문에 효과적으로 답변할 수 있는 기술을 가지고 있어야 한다. 클라이언트의 질문에 "나는 A안이 좋네" 하고 일방적으로 답변을 하기보다는, "나는 품질, 가격, 납기일 면에서 A안이 B안이나 C안보다 좋다는 근거를 확보했지. 그래서 A안이 가장 바람직하다고 생각하는데, 김 대리의 생각은 어떤가?"와 같이 코칭 커뮤니케이션에서는 근거를 제시하면서 상대방의 생각을 다시 한 번 물어보는 식의 답변을 하는 것이 좋다.

마. 모니터링하지 않는다 VS. 모니터링한다

대화를 할 때 상대방의 얼굴을 보지 않고 대화하는 사람이 많다. 상대방이 무슨 말을 하는지, 무슨 표정을 짓고 있는지, 목소리의 톤은 변하지 않았는지 등을 살피지 않는다. 왜냐하면 그들은 어떻게 말을 할까에 정신이 팔려 상대방이 어떻게 이야기하거나 반응하는지를 살펴보지 못하는 것이다.

코칭 커뮤니케이션에서는 상대가 어떤 말을 하는지, 어떤 표정을 짓는지, 목소리의 변화는 없는지, 어떻게 말하는지 등을 살펴야 한다. 즉, 상대를 끊임없이 모니터링하면서 대화를 진행해야 한다. 결국 상대방의 반응에 따라 내가 어떻게 질문하고 말해야 하는지가 결정되는 것이다.

상대를 모니터링하지 않으면서 대화하게 되면, 내 생각을 일방적으로 전달하는 것에 지나지 않게 된다. 모니터링하지 않으면 대화가 잘되고 있는지를 알 수 없다. 모니터링하면서 대화를 하면 상대방의 내면에 있는 동기, 심리, 태도 등을 파악하면서 의사소통을 할 수 있다.

바. 답을 준다 VS. 힌트를 준다

"이렇게 해!"라는 말과 "이런 건 어때?"라는 말은 듣는 사람의 입장에서 보면 완전히 다르다. 앞의 말은 "내 생각은 이러하니 이렇게 하라"는 명령이고, 뒤의 말은 상대방의 생각을 묻는 것이다.

명령이나 지시는 심리적 반발을 일으킨다. 따라서 듣는 이는 문제 해결 과정에서 매우 수동적인 대응을 하게 된다. 답을 직접 제시하면 클라이언트는 리더의 지시를 기다리거나 눈치를 보게 되고, 자신의 아이디어도 제시하지 못하게 된다. 물론 이렇게 하면 당장 눈에 보이는 문제는 신속히 해결할 수 있을지 모르나, 근본적인 해결은 불가능하다. 또한 클라이언트의 문제 해결 역량도 확보할 수 없게 된다.

코칭 커뮤니케이션에서는 답을 주기보다는 힌트를 주기 위한 질문을 하는 것이 효과적이다. "OO는 어떤가?"라든가, "이런 사례도 있는데 자네의 생각은 어떤가?" 같은 게 적절한 예다.

일반적인 대화에서는 "이 방법대로 하게"와 같은 식으로 명령형 답을 주기 일쑤다. 그러나 코칭 커뮤니케이션에서는 이렇게 말한다. "이 방법으로 하면 어떨까?"

전통적인 명령이나 지시, 조언도 어미를 바꾸어 말하면 코칭 커뮤니케이션이 된다. 이렇게 하면 상대의 속마음도 끌어낼 수 있다.

사. 약점을 지적한다 VS. 강점을 지지한다

일반적인 대화에서는 상대방의 약점을 지나치게 찾아내어 지적하는 경우가 많다. 물론 상대방이 개선해야 할 점을 이야기해주는 배려는 필요하다. 하지만 너무 지나치면 상대방을 해치는 독이 된다. 약점 하나를 말해주었다면, 다음에는 다음과 같이 강점 두 개를 말해준다.

"당신의 강점은 무엇이라고 생각합니까?"

"당신의 강점을 어디에 활용하면 높은 효과를 볼까요?"

"지금 같은 상황에서 당신의 능력을 발휘할 수 있다면, 그중 어떤 점이 도움이 될까요?"

"난 김 대리의 이런 점이 강점이라고 생각하는데, 그것을 이번 프로젝트에서 활용해보지 않겠습니까?"

"이번에 신설된 부서에 자네가 적격이 아닌가 싶네. 자네는 어찌 생각하나?"

코칭 커뮤니케이션에서는 먼저 클라이언트의 강점을 찾아나가면서 강점은 강화하고, 약점은 강점을 활용해 커버하는 대화를 해야 한다.

아. 잘못했을 때 야단을 친다 VS. 잘못한 원인을 파악하고 해결안
  을 마련한다

일반적인 대화에서는 부하가 잘못했을 때 바로 야단을 치거나 훈계한다. "7월 달 실적 좀 보게. 이래가지고 월급은 탈 수 있겠어?"라든가, "또 불량인가? 자넨 참 답답한 사람이군!" 같은 식이다.

코칭 커뮤니케이션은 문제가 왜 발생했는지 파악하고, 적절한 해결안을 마련하여 실행할 수 있도록 도와준다. "불량 문제로 밤을 세워서 대책을 수립했었지? 헌데 재발이 되었으니 자네도 참 답답하겠군. 원인 분석을 위한 로직트리(Logic Tree, 연역적·귀납적 작성법)를 작성해서 원인을 좀 더 구체적으로 파악해보게. 그렇게 하면 해결 방안을 마련할 수 있지 않을까?" 같은 식이다.

코칭 커뮤니케이션에서는 이렇듯 문제가 발생하면 원인이 무엇이고, 대책이 무엇인지 클라이언트가 아이디어를 제시하도록 코치가 유도한다. 예를 들어 클라이언트의 기획 역량이 부족한 것이 원인이라면 기획 역량을 확보할 수 있는 훈련을 받게 하거나, 기획서 작성 매뉴얼을 제공한다.

자. 말로 마무리된다 VS. 실행으로 연결된다

코치는 클라이언트의 계획이 실행으로까지 연결되도록 한다. 일반적인 대화에서는 다음과 같이 말로 끝나는 경우가 허다하다.

> **부하**: 리더십 강의를 해보고 싶습니다.
>
> **리더**: 그래, 열심히 해 보게.

이와 같이 일반적인 대화에서는 "열심히 하게"라든가 "잘해보게" 정도로 끝나기 마련이다. 그러나 코칭 커뮤니케이션에서는 클라이언트가 실행을 할 때까지 코치가 관심을 갖고 지원한다.

> **부하**: 리더십 강의를 해보고 싶습니다.
>
> **리더**: 리더십 강의를 하는 데 뭐가 필요한가?
>
> **부하**: 우선 리더십과 관련된 역량을 확보해야 합니다. 그리고 강의 기술도 확보해야 합니다.
>
> **리더**: 그러면 리더십 역량과 강의 기술을 확보하기 위해 내가 뭘 도와주면 되지?
>
> **부하**: 피앤아이컨설팅에서 실시하는 리더십 퍼실리테이터 초급과 중급 과정을 들었으면 합니다.
>
> **리더**: 알았네. 바로 조치해주겠네. 그러면 언제부터 리더십 강의를 할 계획인가?

부하: 3월 18일부터 21일까지 1차 파일럿(Pilot) 과정이 진행되고, 그
로부터 12월까지 매월 첫째 주 목요일과 금요일에 진행할 계획
입니다.

리더: 진행에 필요한 건 내게 언제든 말해주게. 적극 지원하겠네!

차. 자신의 생각이 최선의 답이다 VS. 상대의 의견을 존중한다

일반적인 대화에서는 "내 생각이 최선이야" 하고 단정한다. 상대방
의 이야기를 끝까지 듣지도 않고 이미 결론을 내기 일쑤다. "당신의 생
각이 틀렸어"라든가, "그런 방법으로는 한 번도 테스트에 통과한 적이
없다고!", "이게 정답이지!" 같은 식이다.

코칭 커뮤니케이션을 할 때는 자신의 생각과 다른 이야기를 하더라
도 "아하, 그렇군!" 하고 맞장구를 쳐준다. 그리고 상대방이 대화의 문
을 활짝 열면 그때 리더 자신의 생각도 이야기해준다. 그러면 상대방
도 "아, 그런 방법도 있군요!" 하고 응수해줄 것이다.

3. 클라이언트 자신이 소중한 존재라는 사실을 깨닫게 하기

클라이언트를 코칭 커뮤니케이션에 끌어들이려면 먼저 클라이언트 자신이 소중한 존재임을 깨닫게 해주어야 한다. 클라이언트 자신이 중요한 사람이라는 것을 깨닫게 하려면 다음과 같이 해야 한다.

첫째. 클라이언트가 자신의 장점을 발휘하도록 도와준다. 누군가가 자신을 필요로 한다는 것은, 자신의 장점을 활용하고 싶어하는 니즈가 있음을 의미한다. 상품을 판매하려면 그 상품에 대한 니즈가 존재해야 하듯이, 장점에도 니즈가 있어야 한다. 그러니까 클라이언트가 자신의 장점을 잘 발휘하게 하고 싶다면, 그에게 의지하고 싶어하는 사람들이 있다는 사실을 알려주어야 한다.

클라이언트 중에는 고대 중국의 명군 주문왕을 기다리며 낚시질을 하던 위대한 지식인 강태공처럼 누군가가 자신의 장점이 필요하다고 할 때까지 수동적으로 기다리는 사람도 있을 것이고, 중국 춘추시대의 유세가(遊說家)들처럼 자신의 장점이 필요할 만한 곳을 찾아다니는 사람도 있을 것이다. 그러나 어떤 경우라도 "자네의 도움을 필요로 하는 사람들이 자네를 기다리고 있네"라는 말을 들을 때까지는 불안감을 떨쳐버릴 수 없다.

클라이언트가 자신감을 갖게 하려면 코치를 비롯한 많은 사람이 클라이언트의 장점을 구매하고 싶어한다는 사실을 알려주어야 한다. "내 장점을 제대로 알아준다"라든가, "이 사람을 나는 신뢰하고 있다" 같은 기분은, 클라이언트의 에너지를 최대한 이끌어내면서 그가 장점을 최대한 발휘하도록 해주는 원동력이 된다. 클라이언트 자신의 장점이 다른 사람에게 도움이 된다는 사실을 인식했을 때, 클라이언트의 장점은 자신감으로 바뀐다. 이뿐만이 아니다. "고마워, 이번 일은 모두 자네 덕분이야. 나는 정말 인복이 많은 사람이야" 같은 코치의 한마디는 클라이언트에 대한 최고의 찬사가 된다. 이 말 한마디로 클라이언트는 자신의 강점을 최대치까지 발휘할 수 있다.

둘째, 다른 사람 앞에서 칭찬해준다. 사람은 칭찬을 받는 것 자체로도 자신이 소중한 사람이라는 사실과 존중 받는 사람이라는 사실을 인식하게 된다. 여러분은 혹시 많은 사람 앞에서 상사로부터 칭찬을 받은 적이 있는가?

예를 들면, 어느 날 엄격한 상사가 술 한잔 하자고 청한다. 술집에서 그 상사는 직원의 어깨를 두들기며 이렇게 말한다. "김 사장님. 오늘은 우리 팀의 에이스인 김호선 대리를 데리고 왔어요" 한다. 그러면 술집 주인도 "아, 그렇군요. 그렇게 훌륭한 분을 우리 가게에 모시게 되어 영광입니다" 하고 맞장구를 쳐줄 것이다.

물론 이런 식의 칭찬에 쑥스러워하는 사람도 있다. 하지만 그들도 다른 사람들 앞에서 칭찬을 받는다면 진정으로 자신이 소중한 사람임을 다시 한 번 깨닫게 될 것이다. 그럼으로써 다른 사람 앞에서 자신을 자랑스럽게 여기는 상사의 마음을 새삼 깨닫게 될 것이다.

셋째. 클라이언트에게 다른 사람의 평판을 전한다. 다른 사람의 평판을 들으면 자신을 객관적으로 알 수 있기 때문이다. 그리고 대표적인 '다른 사람'은 바로 고객이다. 내가 수행하는 업무의 최종 평가자는 고객이기 때문이다. 그렇다. 고객이 최종 평가를 내렸을 때 업무는 완성된다. 그래서 사람들에게 "누구에게서 좋은 평판을 들었을 때 가장 기쁜가?" 같은 질문을 하면 대개 "고객의 평가"라고 대답하는 것이다.

상사가 고객으로부터 받은 칭찬은, 사실은 부하가 받은 칭찬이다.

"김 대리! 고객이 자네 덕분에 프로젝트가 계획대로 진행됐고, 품질도 만족스럽다는 평가를 받았다고 무척 기뻐하더라고!" 같은 말 한 마디로 클라이언트는 자신감을 높일 수 있다.

4. 불만을 제안으로 바꾸게 하기

마음에 담아두었던 말을 털어놓았을 때 상대방과의 강한 유대감과 신뢰감이 형성되는 법이다. 그런데 여러분의 클라이언트는 불만을 마음에 담아두고 있지 않을까? 불만을 가득 품고 있는 클라이언트에게 일을 맡기면 과연 성공할 수 있을까? 여러분의 말에 클라이언트들이 "예" 하고 동의했을 것이다. 그러나 그 모든 클라이언트가 진정으로 동의했을까? "예" 하고 말로는 동의했지만, 속으로는 "아니오"라고 한 것은 아닐까?

아무리 친밀해도 마음 속에 있는 생각을 전부 상대에게 털어놓는 건 결코 쉽지 않다. 하물며 자신을 평가하는 키를 가진 상사에게는 불만을 털어놓기가 더더욱 쉽지 않다. 사람마다 정도의 차이는 있겠지만, 불만을 털어놓아 오히려 면박을 당하지나 않을까 두려워하기 마련이다. 이러한 두려움 때문에 마음속을 터놓는 솔직한 커뮤니케이션을 피하려는 경향이 있다. 클라이언트들의 불만을 감지하기란 결코 쉽지 않다. 그러나 이다지도 어려운 만큼 상사나 조직에 대한 불만을 상사에 게 털어놓는 것은 그 이상의 가치가 있다.

일단 어떤 클라이언트는 불만 사항을 얼굴에 그대로 드러내는가 하면, 또 어떤 클라이언트는 얼굴의 표정만으로는 무슨 생각을 하는지 알 수 없다. 따라서 클라이언트의 불만 사항을 파악하려면 코치는 그들의 말이나 행동뿐만 아니라 시선, 감정, 자세, 몸짓, 목소리의 톤 등을 유심히 관찰해야 한다. 그리고 불만 사항이 무엇인지, 불만의 원인이 무엇인지도 파악해야만 한다. 그래야 클라이언트의 불만을 해결해 줄 수 있다.

부서장 교육에서 "클라이언트들은 불만이 많다"고 말하는 관리자들을 자주 본다. 또한 "클라이언트가 좀 더 건설적인 제안을 많이 했으면 좋겠다"고 토로하는 관리자도 자주 만난다. 이럴 경우 클라이언트들의 불만을 제안으로 바꾸어 표현해보자. 제안의 씨앗은 사실 클라이언트의 불만 안에 숨어 있다.

불만을 제안으로 바꿀 수 있는 클라이언트는, 불만 안에서 주도적으로 그것을 해결할 수 있는 목표를 발견할 수 있다. 그러니 클라이언트에게 이렇게 말해보라.

"내게 솔직히 말해줘서 고맙네, 김 대리. 그런데 김 대리가 털어놓은 불만을 우리 회사를 위한 제안으로 바꿔볼 순 없을까?"

불만을 제안으로 전환하기

불만 사항	제안으로 전환
우리 부서가 타 부서에 비해 의욕이 많이 떨어지는 편입니다.	우리 조직을 활성화시킬 방법을 워크숍(Workshop)으로 찾아보면 어떨까요?
밤낮으로 일해도 일이 줄지 않네.	일에 우선순위를 정해 중요한 일부터 실행하게 하면 어떨까요?
고객 클레임이 줄지 않네요. 도대체 R&D 부서는 이런 제품을 왜 개발했답니까?	이번 클레임 문제는 R&D 및 품질 관리 부서의 얘기를 들어보고, 핵심 고객들을 대상으로 니즈를 좀 더 면밀히 조사한 뒤 해결 방안을 수립하는 게 어떨까요?
왜 품질 관리 경쟁 대회에서 매번 우리 팀은 동상밖에 못 받습니까?	우리 팀원 전원을 대상으로 PPT 작성과 프레젠테이션 스킬(Presentation Skill) 교육을 해보는 게 어떨까요?

어느 독일 글로벌 기업의 커뮤니케이션

아래의 그림은 독일의 글로벌 기업인 핸캘의 생활 용품 광고다. 이 회사의 3개 주요 사업군 중 '세탁 및 홈케어(Laundry & Home Care)' 사업 본부는 "이 동물을 보고 싶으면 이 제품을 쓰십시오!"라는 컨셉의 광고를 아래와 같이 내보낸 것이다.

이 광고는 검은 옷 세탁 전용 세제 광고다. 이전까지만 해도 핸캘은 물론 고객과 경쟁사까지 세탁용 세제는 흰옷 전용과 색깔 옷 전용만 있으면 된다고 생각했다. 즉, 모든 사람이 이를 당연하다고 생각했다. 그런데 핸캘의 한 직원이 "검정색 전용 세제는 왜 없지?"라는 의문을 품었다.

그 직원은 그냥 의문을 가진 데 그치지 않고, 세탁 일을 하는 고객들과 일일이 커뮤니케이션을 하는 기회를 가졌다. 그 결과 "아니, 세제 만드는 사람들은 빨래를 한 번도 안 해본 사람들 같아요. 검은 옷은 색깔 전용 세제로는 제대로 빨 수 없다고요!" 같은 불만스러운 반응을 여기저기서 얻었다. 기존의 세제로는 검은 옷의 세탁이 매우 어려웠던 것이다.

헨켈은 검은 옷 전용 세제의 개발로 경쟁사들은 제공하지 못하던 새로운 차별적 가치를 고객에게 제공할 수 있었고, 그래서 시장에서 성공했다. 의문을 품는 데 그치지 않고, 이를 가지고 고객들과 지속적으로 커뮤니케이션을 함으로써 새로운 블루오션을 개척한 것이다.

Henkel은 어떻게 접근했는가?

Common belief	고객관찰/조사	Biz. Result
세제는 흰옷과 칼라 옷 두 종류의 수요만 있음	White / Color + Black 검정색 전용 세제는 왜 없을까? • 옷의 30%는 검정색 • 검은 옷은 세탁이 까다로워 검은 옷만을 위한 세제가 필요함	• 유럽시장에 성공적으로 롤아웃 (Roll out)

5. 두려움을 극복하도록 도와주기

사람들이 두려워하는 일들 중 94퍼센트는 실제로 일어날 리 없거나, 설사 실제로 일어났더라도 그중 대개는 손쉽게 해결할 수 있는 일이라고 한다.

혹시 여러분의 클라이언트들 중에도 이렇듯 일을 시작하기도 전에 두려워하면서 도전적으로 행동하지 못하는 사람은 없는가? 물론 업무상 발생할 수 있는 위험을 사전에 파악하여 관리하는 것은 매우 중요하다. 이렇게 하면 일을 계획대로 추진하면서 두려움도 합리적으로 극복할 수 있기 때문이다.

두려움은 두려워하는 대상의 정체를 알 수 없을 때 극대화된다. 그렇듯 정체를 알 수 없는 두려움에 휩싸이면 다른 일들도 할 수 없게 된다. 특히 경험이 부족한 신입 사원의 두려움은 상상 이상이다.

두려움을 극복하는 가장 좋은 방법이 바로 위험성 평가(Risk Assessment)다. 위험성 평가는 위험을 미리 예측하고 관리하여 사전에 위험을 줄이거나 방지하는 것을 목적으로 한다. 위험성 평가를 위한 프로세스는 다음과 같다.

» Identify risk issues – 기술상의, 그리고 개발 프로세스에서의 위험 문제(Risk Issue) 등을 파악한다.

» Define the causes – 각 위험 문제의 원인과 그 위험(Risk)이 감소되지 않을 경우 초래되는 결과를 예측한다.

» Rate the risk – 실패 가능성 및 실패로 인한 결과의 부정적 영향(Impact)을 고려하여 위험의 수준을 평가한다.

» Develop the risk abatement strategy – 각 위험 문제를 감소시키기 위한 전략을 도출한다.

» Define specific measurements – 위험 감속 전략의 효과성을 진단하고 검증하기 위한 구체적인 측정 지표를 설정한다.

» Establish a risk reduction profile chart with an acceptance threshold – 위험 감소 전략과 측정 지표를 근거로 담당별 감소 계획을 작성한다.

» Integrate risk reduction plans into the critical path – 위험 감소 계획을 주요 일정에 반영한다.

» Summarize and track – 위험 감소 활동을 요약하고, 지속적으로 관리한다.

» Conduct periodic reviews – 위험 감소 진척도에 대해 정기적으로 리뷰하고 공유해야 할 사항과 지원해야 할 사항을 도출한다.

위험 감소 계획(예시1)

No	Risk Issue	원 인	cate gory	발생 가능	score	감소 방안	일 정	담 당
1	시설 투자	–Acc.개발 기종 확대 –반자동 라인 투자 –가공 설비 투자	Cost Cost Cost	3 3 4	15 15 20	–최적 기종 선정 –반제품 외주화 –전문 업체 개발	02.4 03.9 02.9	송인찬 송인찬 김호성
2	제조 원가	–도입 원재료 적용 –공정 간 시험 시간 –제조 임률 상승	Cost Cost Cost	5 3 4	25 12 8	–원재료 국산화 –1Point 시험 –외주화 처리	02.10 03.10 03.5	김호성 신봉수 조승헌
3	보증 시험	–시험 부하 집중 –시험 시료 제작	Sche. Sche.	4 4	20 16	–사전 일정 협의 –시작실 적극 활용	02.12 03.2	김호성 박정현
4	금형 제작 시행 착오	–제작 일정 지연 –설계 시행 착오 –원재료 선정	Sche. Sche. Sche.	4 3 2	12 15 8	–시작 금형 활용 –해석 방법 활용 –철저한 재료 분석	02.11 02.9 02.7	송인찬 신봉수 김호성
5	Trip Unit	–TRIP부 접목 기술 : 순시+열동+보상	Tech	4	20	–해석 방법 활용 –전문가 컨설팅	02.9 02.8	송기봉 손용운

위험 발생 가능성 평가 가이드 예시

	매우 높다 – 5	높다 – 4	보통 – 3	낮다 – 2	매우 낮다 – 1
비용	유사한 프로젝트의 비용에 관해 경험이 없어 알지 못함	20~30% 유사한 내용의 과거 프로젝트로부터 계산된 비용 견적과 자원	40~60% 유사한 내용의 과거 프로젝트로부터 계산된 비용 견적과 자원	70~90% 유사한 내용의 과거 프로젝트로부터 계산된 비용 견적과 자원	90% 유사한 내용의 과거 프로젝트로부터 계산된 비용 견적과 자원

성능	현재 데이터베이스 외에 외부 데이터에 기초한 성능 평가	현재 데이터베이스 내에 있는 유사하고 실증적인 데이터에 기초한 평가	현재의 데이터베이스에서 잘못 입력된 데이터를 검증할 수 있는 축소형 실험(subscale test)을 한 분석 모델에 기초한 평가	거의 실제적인 증명 테스트(demonstration test)에 의해 실증된 광범위한 데이터베이스	성공적으로 완료된 위험 감소 계획 고객 요구 조건을 증폭시키는 성능 수준
테크놀로지	새롭고 독특하지만 분석이 거의 안된 기술. 기술 개발 계획이 미리 공표되었어야 했음	분석된 신기술과 증명된 기본 물리적 원리 및 기술은 적용 가능함	테스트에 의해 증명된 광범위한 분석	기술은 실제 고객 조건에서 완전히 적용되어 증명되었음	기술이 완숙함. 모든 위험 이슈가 확인됨. 실행 프로그램을 착수할 준비가 되었음
설계 완숙도	개념 단계에 있는 새롭고 혁신적이며 복잡한 설계. 아직 테스트 중임	제한된 축소형(sub-scale)또는 부품 시험(compo-nent test)을 합격한 새롭고 혁신적이며 복잡한 설계임	광범위한 분석이 이루어졌고, 축소형 또는 부품 시험으로 검증 받은 기존의 유사한 제품에서 파생된 설계임	실제 조건에서 거의 실제적인 설계를 광범위하고 완전하게 테스트함	실제 조건에서 거의 실제적인 설계를 광범위하고 완전하게 테스트함, 제품 생산이 즉시 가능한 설계임
자재 프로세스	뚜렷한 개발 계획의 합리적인 목표 데이터에 기초한 자재	제한된 물리적 데이터를 갖고 있는 자재, 중요한 부분에 자재를 처음 적용함	확장된 데이터베이스를 갖고 축소형 또는 부품 시험으로 검증받은 자재. 설계 검토 팀이 승인함	실제 작업조건에서 완전히 검증되고 제품 수명 요구 조건을 충족시킨 자재	구체적인 적용이 성공적으로 이루어진 자재 개발 위험 감소 계획, 생산 준비가 되어 있는 자재/프로세스
가공과 조립	유사한 가공과 조립 프로세스에 대한 경험이 없음	유사한 가공과 조립 프로세스에 대한 제한된 경험이 있음. 목표 원가가 NPI팀에 의해 정해져 있음	같은 가공과 조립 프로세스에 대한 경험을 어느 정도 갖고 있음	실제 가공·조립 프로세스 관련 광범위한 경험이 있음. 프로세스는 생산을 위해 계획되고 승인된 제조 방법을 사용함	성공적으로 완수된 위험 감소 계획이 있음. 생산을 위한 가공과 조립 프로세스도 준비되어 있음. 달성된 목표 가격이 있음

측정 체계	체계가 없음	프 로 토 타 입 (Prototype) 체계가 있음	체계는 있으나, 다양성이 높음	체계가 있고, 약간의 다양성 을 보임	검증된 체계를 갖추었으며, 다 양성은 최소임
스케줄	주요 스케줄이 이행되지 못할 확률이 70% 이상	스케줄 미이행 확률이 50% 이상	스케줄 미이행 확 률이 50% 정도	스케줄 미이행 확률이 30% 정도	스케줄 미이행 확률이 매우 낮음
인적 자원	핵심 인재 부 족, 채용 계획 없음.	핵심 인재는 파악되나, 팀의 구성원이 아님	핵심 인재를 구 할 수 있으나, 훈 련이 요구되거나, 팀 활동이 부분 적으로 가능	핵심 인재가 부분적으로 프 로젝트 활동을 하고 있으나, 다른 업무에서 해방되지 못함	핵심 인재가 이 미 훈련을 받 았으며, 팀 활 동에 전력함
팀워크	현장 사이의 거 리가 멀고, 심 각한 언어 장벽 이 있음	장거리 지역은 전화로 연결, 2개 국어 구사 가능 한 팀원이 있음	장거리 지역은 이 메일(e-mail)로 연결, 대부분 공 통 언어 사용	장거리 지역은 인터넷이나 이 메일로 연결, 단일 언어 사용	같은 지역에 속 하며, 단일 언 어 사용
도구	도구가 없음	몇 가지 도구가 개발되어야 함. 외주에 의존	시중 도구를 프로 젝트에 맞게 적응	시중 도구를 구 할 수 있으나, 대부분 검증 받 기 전임.	시중 도구로 충분함
무게	예측된 무게는 무게 분석에 의 한 것뿐이거나, 완전히 개발되 지 않은 자재로 부터 추정된 것 임, 이는 심각 한 위험 요인으 로 평가됨	자재는 보통 또 는 그 이하의 위험 요인으로 평가됨	예측된 무게는 무 게 분석과 설계 모델에 근거함. 결과는 목표 달 성 5% 이내의 생 산 데이터베이스 와 일치함	예측된 무게는 제품 설계 모 델에 근거, 결 과는 목표 달 성 30% 이내 로 NPI팀에 의 해 승인됨	위험 경감 계 획이 성공적으 로 완수됨. 현 재 생산 하드웨 어 또는 실제 무게는 목표 달 성 50% 이내 로 알려짐
프로세스 성능	프로세스 성능 에 대한 자료 없음	보다 더 작은 규모의 설계나 부품 관련 자 료라 제한적임. 프로세스 성능 예측은 가능함	유사한 프로세스 에 대한 프로세 스 성능 자료가 있음	프로세스에 대 한 실험이 실 시된 바 있음, CTQ 및 기타 중요 변인들이 규명됨	프로세스는 성 능 분석을 거 쳤으며, 통계적 한계 수치로 명 시되어 있음

| **시그마** | 시그마를 알 수 없거나, 그보다 더 적을 것으로 추정됨 | 시그마가 2~4로 추정, 점수를 높이는 방법은 알려지지 않았음 | 시그마가 3~4로 추정, 점수를 높이는 방안이 파악되었음 | 시그마는 4 이상임이 확실하며, 5~6시그마로 높이려는 계획이 확인됨 | 시그마는 5 이상임이 확실 |

위험 임팩트 평가 가이드

매우 심각함 - 5	심각함 - 4	보통 - 3	미약 - 2	매우미약 -1
기술 성능 요구 조건에 중대한 저하가 있음. 만약 이것을 경감시키지 못할 경우 프로그램이 위협을 받을 수 있음 Example: 거의 실현 불가능함. 문제를 해결하려면 시스템 인터페이스(system interface)를 수정해야 하며, 그 결과가 제품에 파급될 수 있음. 문제를 해결하기 위해 가능한 모든 자원을 활용해도 제품의 출하에 맞출 수 없음. 제품 출하 연기는 제품의 마켓 포지션(market position)을 위협할 수 있음. "문제가 해결되지 못하면 단위당 비용이 25퍼센트 인상됨"	기술 성능 요구 조건에 중대한 저하가 있음. 만약 이것을 경감시키지 못할 경우 프로그램 목표 달성이 큰 영향을 받을 수 있음 Example: 실현 가능하지만 상당히 어려움. 문제를 해결하려면 몇몇 시스템 인터페이스를 새로이 시험해봐야 함. 상품의 출하가 늦어지지만 어느 정도 연기되는 것이며, 그 영향이 어떠할지가 이해됨. 상당한 비용 충격을 감수한다면 실행 가능함	기술 성능 요구 조건이 저하되어, 이것을 경감시키지 못하면 프로그램 목표 달성이 어느 정도의 영향을 받으리라는 것을 감수해야 용납될 수 있음 Example: 실현 가능하지만 상당히 어려움. 문제를 해결하려면 몇몇 시스템 인터페이스를 새로이 시험해봐야 함. 상품의 출하가 늦어지지만 어느 정도 연기되는 것이며, 그 영향이 어떠할지가 이해됨. 상당한 비용 충격을 감수한다면 실행 가능함	기술 성능 요구 조건에 미세한 저하가 있음. 이것을 경감시키지 못할 경우 프로그램의 목표 달성이 약간의 영향을 받으리라는 것을 감수해야 용납될 수 있음. Example: 전형적인 문제, 문제의 해결이 제품의 출하에 영향을 미치지 않음. 현재의 인력으로 추가 비용 없이 문제를 해결할 수 있음	프로그램의 목표 달성에 영향 없음 Example: 표준 설계 프로세스 문제의 해결이 제품의 품질, 목표 원가, 스케줄에 부정적인 영향을 미치지 않음

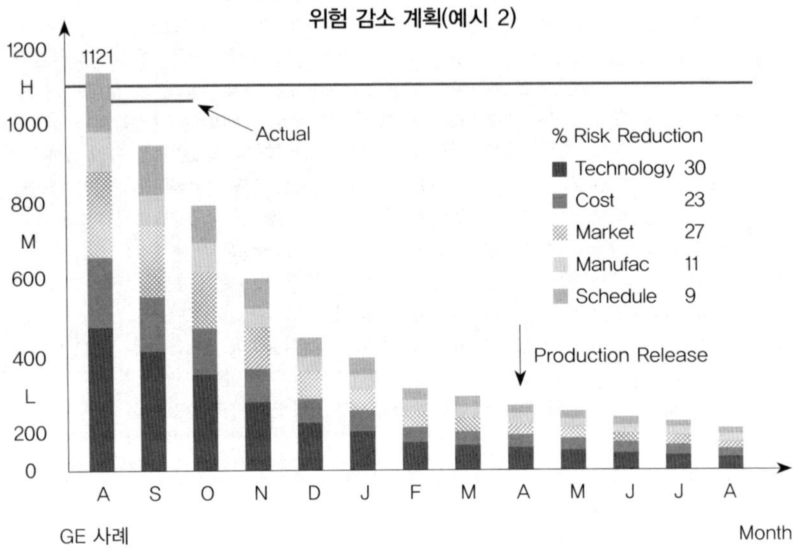

사내 코치는 팀을 설계하고 코칭 계획을 수립할 때 반드시 위험 감소 계획(Risk Reduction Plan)을 함께 수립해야 한다. 그래야만 팀 활동을 정해진 기간 내에 최소의 비용으로 진행할 수 있다. 또한 위험 감소 계획을 수립하고 관리하는 과정에서 팀 활동에 대한 두려움도 최대한 극복할 수 있다.

6. 외부 자원을 활용하도록 제안하기

과거에는 한 가지 업무만 잘 하면 되었지만, 오늘날처럼 IT 기술이 발달한 시대에는 한 사람이 동시에 여러 개의 업무를 수행하지 않으면 안 된다. 이렇게 된 데는 구글이나 네이버 같은 대형 포털사이트의 검색 엔진을 활용해 필요한 정보를 언제 어디서나 수시로 자유롭게 찾아서 활용할 수 있기 때문이다. 그래서 머리에 담은 지식이 많은 사람보다 외부 자원을 적극적으로 활용할 수 있는 사람이 대접받고 있다. 그러나 이런 상황은 이미 IT 시대가 도래하기 이전에도 있었다.

탁월한 경영자나 훌륭한 지휘자는 언제나 최고의 태그팀(tag-team, 프로레슬링에서 두세 명이 한 조가 되는 팀)을 육성해왔다. 《삼국지》의 유비와 제갈공명, 공자와 자로 및 자공과 안회, 할리데이비슨의 할리와 데이비슨 팀에 비유할 수 있다. 외부 자원을 활용하면 1에 1을 더 할 경우 2보다 더 큰 수가 나올 가능성이 있다.

"다른 사람의 도움은 받기 싫습니다", "이건 저 혼자서 해내고 싶은

데요” 같은 이유를 들며 홀로 고군분투하는 클라이언트가, 외부 자원 활용의 긍정적 필요성을 코치가 깨닫게 할 수 있다면 더 큰 성과로 이어질 것이다. 그러니 혼자 골머리를 썩이며 업무를 수행하는 클아이언트가 있다면 외부 자원의 효용 가치를 넌지시 알려주라. 클라이언트가 외부 자원에 마음을 열면, 그 자원으로부터 생각지도 못한 도움을 받을 수 있다고 말이다. 물론 그렇게 해서 일이 금방 잘 처리되면 클라이언트는 더 큰 목표에 도전할 수 있다.

외부 자원을 활용하기 위한 프로세스는 다음과 같다.

가. 클라이언트의 업무 수행과 관련된 필요 역량을 파악한다.

나. 클라이언트의 현재 보유 역량을 파악한다.

다. 필요 역량과 보유 역량의 갭(Gap)을 분석한다.

외부 자원 활용 평가 매트릭스

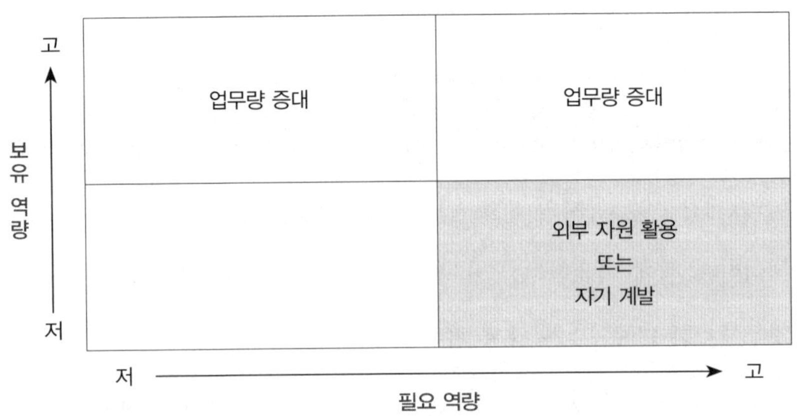

라. 외부 자원을 활용할 것인지, 또는 자기 계발을 통해 필요한 역량
을 확보할지를 결정한다.

- 클라이언트의 업무량이 많다면 외부 자원을 활용하여 필요한 역
  량을 확보한다. 단, 핵심 역량의 경우에는 후방 통합과 같은 위험
  이 발생할 가능성이 있으므로, 이를 고려하여 외부 자원의 활용
  여부를 결정한다.
- 업무량이 적다면 클라이언트 자신이 필요 역량을 확보한다.

마. 외부 자원 및 자기 계발 세부 계획을 수립하여 실행한다.

만약 코치나 상사 자신이 클라이언트의 외부 자원이 될 수 있다면
가장 좋을 것이다. 코치나 상사처럼 클라이언트가 언제든지 조언을 구
할 수 있는 외부 자원은 클라이언트에게 가장 훌륭한 지원군이다.

7. 대화를 논쟁에 빠지지 않게 하기

최고의 인간관계란 어떤 것일까? 단정할 수는 없지만, 서로 다른 의견을 가진 두 사람이 적이 되지 않고 어울릴 수 있는지로 판단할 수 있지 않을까? 이때 '하지만'이라는 단어를 사용하면 안 된다. 논쟁에 불을 지피는 셈이기 때문이다. 이 단어를 사용하는 즉시 상대방은 "내 생각이 전적으로 옳아. 네 생각이 틀렸어!" 같은 반감을 갖기 마련이다. 차라리 '그리고'를 쓰는 게 낫다.

협상 프로그램에서는 찬·반 두 진영으로 팀을 나누고, 황혼이혼에 처한 부부의 사례로 찬성과 반대의 입장을 피력함으로써 상대방을 설득하는 워크숍을 진행하는 경우가 있다. 그럼 대화의 내용을 한번 들어보자.

"평생 반려자로 생각해본 적 없는 사람과 어떻게 더 살아요?"

"하지만 밤낮으로 가족의 생계를 위해 노력한 남편과 헤어진다는 건

몰지각한 처사라고요."

"물론 그 부분을 완전히 부정하진 않아요. 그러나 술만 마셨다 하면 폭언을 일삼는 남편과 평생을 함께하는 건 악몽이 아닐까요?"

"하지만 피곤해서 돌아온 남편에게 격려의 말 한마디 하지 않은 아내에게 오히려 더 큰 문제가 있다고 생각해요."

"그러나 돈을 버는 게 남편으로서의 역할의 모든 건 아니잖아요?"

이렇게 워크숍을 진행하면 찬·반 양 진영의 감정 격화로 더 이상의 진행이 어려운 경우가 많다. 사례를 통한 워크숍인데도 이렇듯 감정이 격해 진 원인은 '하지만'이나 '그러나' 같은 단어를 너무 많이 사용했기 때문이다. 그래서 '하지만'이나 '그러나' 같은 단어를 얼마나 많이 사용했는지 물어보면 당사자들도 깜짝 놀랄 정도로 대화에 많이 등장했음을 알 수 있다. 그러니까 서로가 나누는 대화의 본질을 잊은 채 상대의 의견을 부정하고 자기 주장만 내세웠던 것이다.

이렇듯 '하지만'과 '그러나' 같은 단어는 대화를 진전시키기보다 말싸움의 원인이 되는 경우가 많다. 이런 단어들을 사용하다 보면 어느 쪽도 상대방의 이야기에 귀를 기울이지 않게 되기 때문이다.

그래서 잠시 쉬는 시간을 가진 뒤 '하지만'과 '그러나' 같은 단어 대신 '그리고'와 '게다가', '또한' 같은 단어를 사용하도록 규칙을 정하고서 워크숍을 재개했다. 대화 내용은 훨씬 공손하고 부드러워졌다. 그러니까 이런 식이었다.

"그리고 정년 이전에 해보지 못했던 취미 생활을 같이 하면 더 멋진 황혼이 되지 않을까요?"

"황혼이혼도 좋은 점이 많아요. 친구들과의 만남이라든가, 가사일이 줄어들지요. 그리고 구속 없이 자유롭게 살 수 있잖아요."

"그리고 황혼을 같이 보내면 어느 한쪽이 아플 때 도와줄 수 있잖아요. 또한 어려움을 겪을 때 지지와 격려로 용기를 얻게 할 수도 있고요. 이혼하지 않는 게 장점이 더 많다고 생각해요."

"앞서 얘기한 장점 외에도 황혼이혼의 장점은 생각보다 많습니다. 일단 상대방의 간섭에서 자유로워지잖아요. 게다가 '오늘 저녁에는 뭘 준비할까?' 같은 고민도 없어지고요."

이렇듯 단어 몇 개만 바꿨을 뿐인데 대화 중 상대방의 오류를 찾아내려는 전투태세에서 벗어나, 상대방의 의견을 존중하고 귀 기울여 들으려는 수용적 자세를 갖추게 된 것이다. 상대방의 '의견'을 인정하기 시작한 것이다!

지금 당신도 누군가와의 견해 차이 때문에 고민하는가? 그렇다면 당신 자신도 '하지만'이나 '그러나' 같은 단어를 즐겨 사용하는지 살펴보라. '하지만'은 상대방을 불쾌하게 만들지만, '그리고'는 불쾌감과는 거리가 멀다. '하지만'은 갈등을 낳지만, '그리고'는 갈등을 예방한다.

논쟁에 빠지지 않게 하는 그 밖의 말과 행동

하지 말아야 할 말과 행동	해야 할 말과 행동
말싸움을 한다. – "이봐요. 우리에게도 똑같은 권리가 있어요! 우리가 먼저라고요!"	말싸움을 하지 않는다. – "테이블이 부족하네요. 합석하시는 건 어떨까요?"
적대적인 분위기를 조성한다. – "아니, 테이블을 차지하고 싶다면 예약을 먼저 했어야지요!"	우호적인 분위기를 조성한다. – "테이블을 좀 더 놔둘 공간이 없나 살펴봅시다."
'당신'이라는 말을 사용한다. – "당신들이 그렇게 말하면, 나도 절대 양보 못합니다!"	'우리'라는 말을 사용한다. – "이 문제를 해결할 방법을 우리 모두 함께 생각해보지요."
자기의 입장만 주장한다. – "꼭 여기여야 해요! 다른 곳은 절대 안 된다고요!"	상대방을 배려한다. – "설비 팀에서 파티션만 해주시면, 저희가 이쪽 공간을 활용하겠습니다."

8. 명령형을 권유형으로 바꾸어 말하기

이 세상 사람들에게 명령이나 지시를 받는 게 좋으냐고 묻는다면, 아마 적어도 열 명 중 아홉 명이 "아니오"라고 대답할 것이다. 기실 "이렇게 하시오", "이 방법으로 해요" 같은 명령조의 말은 사람들의 마음을 불편하게 만든다. 더 나아가 "내일까지 하지 않으면 가만 두지 않겠소!"라는 협박성의 말을 들으면 매우 불쾌하고 화가 날 것이다.

그런데 우리가 하는 일은 크게 '하고 싶은 일'과 '하지 않으면 안 되는 일'로 나눌 수 있다. 다들 알다시피 하고 싶은 일만 하면서 살 수는 없다. 하고 싶지는 않지만 해야만 하는 일도 있다. 물론 바로 그 '해야만 하는 일'을 하지 않으면 좋지 못한 결과가 초래되기도 한다.

그런데 사람의 마음이라는 것이 하고 싶은 일을 할 때는 자발적으로 즐겁게 행동하지만, 하지 않으면 안 되는 일을 할 때는 수동적으로, 시쳇말로 밍기적거리기 마련이다. 그래서 코치나 리더가 명령과 지시를 내리면 클라이언트나 부하직원은 더욱 수동적이 된다.

코치나 리더가 명령과 지시를 권유나 부탁으로 바꾼다면, 클라이언트나 부하직원도 자신이 하는 일을 '해야만 하는 일'에서 '하고 싶은 일'로 인식 전환을 하게 된다. 그럼으로써 불쾌한 의무감에서 벗어나 자발적으로 행동하게 된다.

자발성은 남의 지시나 다른 이의 영향에 의하지 않고, 자기 내부에서 생겨난 원인(동기)과 힘에 의해 사고나 행위가 이루어지게끔 하는 게 특징이다. 그래서 코치나 리더는 클라이언트나 부하직원이 자발성을 갖추기를 원한다. 그리고 이 세상에 자발적으로 일하고 싶지 않은 사람은 없다. 구제불능의 게으름뱅이가 아니라면 말이다.

"이렇게 하시오"라든가 "이 방법으로 해요"라는 명령·지시형의 말을 "이렇게 하면 어떨까요?"라든가 "이 방법으로 하는 건 어떨까요?" 같은 권유형의 말로 바꿔보라. 이렇게 하면 선택권이 코치에게서 클라이언트에게로 넘어가 클라이언트가 좀 더 자발적으로 일하게 된다.

그렇다고 해서 어떤 상황에서든 클라이언트에게 선택권을 주자는 이야기는 아니다. 판단 능력을 아직 완전하게 갖추지 못했거나, 안전상의 문제가 발생할 가능성이 높다면 오히려 명령과 지시가 바람직하다. 어린아이에게 "뜨거우니 손대면 안 돼!"라고 하거나, "위험하니까 10미터 이상 떨어져서 관찰하거라" 같은 지시형의 말을 하는 것은 권유형의 말을 하는 것보다 효과적이다.

이처럼 당신이 클라이언트들에 대해 통제권을 행사해야 하는 경우도 분명히 있다. 다만 클라이언트와의 내적 갈등을 최소화하면서 요구 사항을 전달할 수 있다면 더할 나위 없이 좋지 않겠는가? 불가피하게 명령과 지시를 내려야만 하는 경우라도 예의를 갖춰준다면, 존중감이 보이게끔 부탁하듯이 한다면 클라이언트들은 이를 충분히 수용할 것이다. 그러니까 안전 등을 고려해야 하는 몇 가지 예외 사항을 제외하고서, 코치나 리더는 명령과 지시를 지양하고 권유와 부탁을 지향해야 한다. 그래야 클라이언트나 부하직원과 갈등 없이 대화하고 문제도 원만하게 해결할 수 있다.

명령/지시 VS. 권유/부탁 (예시)

명령/지시	권유/부탁
이 달 15일에 실시 예정인 인재원 워크숍에는 전 직원이 참석해야 합니다.	직원 모두가 참석하려면 워크숍 일정을 어떻게 짜야 할까요?
TV를 보려면 방 청소를 깨끗이 해야 한다.	방을 깨끗이 청소하면 TV를 마음 편히 볼 수 있지 않을까?
이번 프로젝트는 1안, 2안, 3안 중 1안에 맞춰 하세요.	1안, 2안, 3안 중 각각의 장단점을 비교·분석한 뒤 최종안을 선택하는 게 어떨까요?
이번 프로젝트를 성공시키지 못한다면, 반드시 책임을 묻겠습니다.	이번 프로젝트가 성공하려면 어떻게 해야 할까요?

9. 자극적인 표현을 부드러운 표현으로 바꾸기

"자넨 회의에 매번 늦는군."

"또 실수했나! 자넨 항상 실수만 하는군."

"자넨 단 한 번도 일을 제대로 한 적이 없어."

이런 자극적인 발언을 듣는다면 당신은 어떤 마음이 들겠는가?

자극적인 표현은 듣는 사람으로 하여금 분노나 짜증 같은 극단적인 반응을 일으키도록 만든다. 물론 '언제나', '한 번도', '누구나', '전부', '아무도' 같은 자극적인 말에도 말하는 사람의 진실이 담겨 있지 않는 것은 아니다. 그러나 이러한 자극적인 표현은 상대방을 불쾌하게 하고, 분노하게 하는 촉매로 작용한다.

"전부, 그렇지 않으면 아무것도 아닌"이라는 논리를 강요하면 상대방은 이의 부당함을 말하면서 예외적인 사항을 언급할 것이다. 예를 들어 "자넨 매주 화요일마다 있는 품질 관리회의에 제때 참석한 적이 없어. 아주 습관이야, 습관! 그러니까 일을 제대로 못하지!" 하고 말하면, 상대방은 즉각 "어쩌다 한두 번 그랬을 뿐입니다"라든가, "시키신 일을 먼저 처리하고 오느라 늦은 겁니다"라고 말하며 반발할 것이다.

"자네 이번이 두 번째 지각이야. 무슨 일 있나?" 하고 물어보면 어떨까? 이는 상대방의 상황에 초점을 맞춘 대화법이다. 이러한 대화법에 클라이언트는 긍정적인 반응을 보일 것이다.

워크숍에서 어느 팀장이 이런 이야기를 털어놓았다.

"지난 3월에 신임 팀장 코칭 과정이 있었잖습니까. 저는 그걸 듣고서야 왜 우리 부서 사람들이 저를 자꾸 피하는지 알게 되었지요. 그때까지만 해도 저는 우리 부서 사람들에게 이렇게 말하곤 했습니다. '자네한테 QFD 과정을 들으라고 백만 번은 말했잖나. 거봐, 내 말을 안 들으니 품질 문제가 또 터졌잖아!'라든가, '보고서가 완전히 엉망이야. 도대체 무슨 말을 하는지 전혀 이해할 수가 없군!' 같은 식으로요. 그때 강사님이 클라이언트들의 말이나 행동에 대해 불만이 있다면 이를 질문화법으로 바꾸어 말하라고 하셨지요. 눈앞이 환해지더군요."

다음에 등장하는 대화는 그 팀장이 평상시에 사용하던 대화법을 질문화법으로 바꾸어본 것이다. 화법 하나를 바꾸었을 뿐인데, 그 이후부터는 부서원들과 원활한 커뮤니케이션이 이루어졌다고 한다.

"QFD 과정을 이수한 회사의 95퍼센트가 실린더 품질 문제를 해결했다는 통계가 있네. 김 대리도 이 과정을 수강해보는 게 어떤가?"

"보고서가 서술형이라 고객 클레임 처리 현황을 한눈에 알 수가 없네. 그래프 같은 걸 좀 더 활용해서 보고서를 작성하면 어떨까?"

부부 관계 관리 강화 프로그램에 참가한 부부의 이야기다. 일단 아내에게 물어보니, 이런 하소연을 한다.

"남편은 늘 저한테 집안이 지저분하다고 불만이에요. 살림하는 사람이 청소하는 꼴을 한 번도 본적이 없다는 거예요. 자기가 청소를 하지 않으면 강아지 우리 같다잖아요! 그래서 자주 싸워요."

혹시 남편의 말이 사실 아니냐고 물었더니, 이런 답이 돌아왔다.

"물론 사실이 아니죠. 저도 매일 같이 청소한다고요. 헌데 남편은 제가 아이들 돌보고, 밥도 차리고, 설거지도 한다는 건 생각 안 해요."

이 사례와 같이 "전부, 그렇지 않으면 아무것도 아닌"이라는 극단적인 표현은 상대방을 자극하는 원인이 된다. 극단적인 표현은 부정적인 결론을 만들고, 심지어 상대방의 올바른 행동까지도 부정하게 만들기 때문이다.

이 사례에서 남편이 사용한 것과 같은 자극적인 표현에 의한 갈등은 '되돌이 질문'을 통해 어느 정도 해소할 수 있다. 아내가 자극적이지 않은 말투로 남편의 이야기를 수정하여 반복해주면, 남편은 자기가 한 말을 되돌아볼 기회를 가질 것이다. 예를 들어 아내는 남편에게 "내가 한 번도 청소를 하지 않았다고요? 설마 그런 말은 아니죠?" 하고 말하는 것이다. 그러면 남편은 아내가 청소를 하지 않은 것이 아니라, 육아와 식사 준비 때문에 청소에 소홀할 수 밖에 없었다는 사실을 깨닫고 자신의 잘못된 발언을 뉘우칠 것이다. 결국 사실이 밝혀졌으니, 이 부부는 감정을 누르고 객관적으로 대화할 수 있을 것이다.

되돌이 질문의 예시

자극적 표현	되돌이 질문
당신은 어떻게 매일 자정이 넘어서야 돌아와요? 애들이 아빠 얼굴도 잊을 판이라고요! 제발 10시 전엔 꼭 들어와요. 나도, 애들도 우울증 걸리겠다고요.	내가 늘 자정이 넘어서 들어왔다고? 한 달 전에 그랬잖아. 신규 프로젝트 때문에 6월까진 야근이라고. 아이들과는 페이스북이나 카카오톡으로 하루에도 몇 번씩 얘기한다고. 블로그에도 들어가 '공감'도 눌러준단 말이야. 당신 설마 내가 아이들과 전혀 대화를 하지 않는다고 생각하는 건 아니겠지요?
아침에 일어나면 이불이랑 책상 주변 좀 정리하세요. 지금까지 천 번 정도는 말한 것 같아요.	내가 주변 정리를 한 번도 안 했다고? 농담이지? 그래, 알았어. 더 신경 쓸게.

10. 자연스럽게 말을 끊는 요령

　주제와 전혀 관계가 없는 말을 하거나, 장황하게 말하거나, 도무지 말을 그칠 줄 모르는 클라이언트와 대화할 때 어떻게 하면 좋을까? 물론 그런 클라이언트들 중 대부분은 불평불만을 털어놓거나, 자기 자랑을 하거나, 하소연을 하는 경우다. 상대가 자기 이야기에 관심이 있는지는 생각해보지도 않는다. 그러니 예의에 벗어나지 않으면서, 그러니까 그 클라이언트에게 불쾌감을 주지 않으면서 빠져나올 방법은 없을까?

　상대방의 말을 끊어야 하는데 끊지 못하는 것은 말을 끊는 요령을 모르거나, 상대방에게 상처를 주고 싶지 않아서이기 때문일 가능성이 높다. 상대방에게 상처를 주지 않고서 자연스럽게 말을 끊는 요령은 없을까?

　먼저 말을 끊는 요령을 설명하기 전에 '상대방의 말을 끊어서는 안 되는 상황'을 살펴보자.

» 업무상 발생하는 개인적인 또는 조직적인 문제나 이슈를 팩트
(Fact) 중심으로 설명하고 있을 때.

» 실현 가능성은 낮더라도, 만약 실행된다면 효과가 큰 창의적인
아이디어를 말할 때.

» 도전적인 목표에 대해 이야기할 때.

» 개인적인 애로 사항을 말할 때. 예를 들면 조직 내의 다른 사람
들과의 사이에서 발생하는 갈등 문제라든가, 가정 내에서 자녀
또는 부부간에 발생하는 문제에 대해 말할 때.

반면 이야기를 끊어야 할 상황은 다음과 같다.

» 주제에서 벗어난 이야기를 할 때.

» 개인적인 관심 사항을 이야기할 때.

» 불평불만을 이야기할 때.

» 자기 자랑을 늘어놓을 때.

» 핵심을 파악할 수 없을 정도로 이야기를 장황하게 늘어놓을 때.

» 근거 없는 개인적인 경험을 너무 많이 이야기할 때.

영국의 전성기인 빅토리아 여왕 시대를 대표하는 소설가 새뮤얼 버
틀러(1835~1902)는 "지루한 얘기를 참는 사람은 지루한 얘기를 하는
사람보다 더 형편없다"고 했다. 미국의 국민적 시인 로버트 프로스트

(1874~1963)는 "세상의 절반은 할 말이 있지만 하지 못하는 사람들이고, 나머지 절반은 할 말이 없는데도 계속 말하는 사람이다"라고 했다.

그러면 이와 같은 수다쟁이들의 입을 다물게 할 방법은 무엇일까? 여러분은 어떻게 수다쟁이의 말을 끊는가? 자연스럽게 말을 끊는 요령을 미국의 비즈니스 커뮤니케이션 전문가인 샘 혼의 저서 《적을 만들지 않는 대화법》에서 인용해 본다.

가. 양쪽의 대화가 균형 있게 이루어졌는지 체크한다.

균형 있게 대화가 이루어졌는지를 파악한다. 내가 말을 일방적으로 더 많이 하고 있다면 대화의 기회를 상대방에게 넘겨야 한다. 또한 상대방이 말을 많이 했다면 말을 끊어주어야 한다.

나. 말을 가로막고 상대의 이름을 부른다.

상대방이 알아서 말을 끝내기를 기다리며 괴로워하지 않는다. 그런 일은 영원히 일어나지 않을지도 모르기 때문이다. 상대방의 말을 과감하게 끊고 그의 이름을 불러라. 그러면 상대방이 잠시 멈칫할 것이다. 바로 그 순간이 당신이 잡아야 할 기회다. 말을 가로막는 것이 예의에 어긋난다고? 물론 그렇다. 하지만 이 상황에서 누가 더 무례한가? 당신인가? 아니면 일방적으로 자기 말을 이어가는 상대방인가?

다. 지금까지 나온 이야기를 요약한다.

지금까지 나온 내용을 당신의 말로 수정하고 정리하는 것은, 당신이 잘 듣고 있다는 점을 상대방이 체크하도록 만드는 동시에 대화를 끝내자는 신호가 될 수 있다.

라. 대화를 과거의 일로 만든다.

자꾸 늘어지는 업무상의 대화를 끝내는 좋은 방법이 있다. "이 통화가 끝나는 즉시 OO를 하겠습니다"라든가, "이 얘기가 끝나는 대로 담당 직원들에게 지시해두겠습니다"라고 말하는 것이다.

개인적인 대화에서도 이런 표현이 통한다. "더 이야기를 나누면 좋겠지만, 이제 곧 회의 시간이네요"라든가, "피아노 대회 이야기를 더 들으면 좋겠지만, 벌써 들어갈 시간이 되었네요" 같은 식이다.

마. 단호한 어조로 다정하게 마무리한다.

"재미난 이야기 잘 들었습니다"라든가, "다음에 계속 들으면 좋겠네요", 혹은 "잘 지내고 있다니 나도 기뻐!"라는 다정한 인사말로 마무리한다. 단 어조는 단호해야 한다. 상대방에게 동의라도 구하는듯 말꼬리를 올리기라도 하면 주도권은 다시 상대방에게 돌아간다.

11. 맞장구로 대화 분위기 살리기

커뮤니케이션에는 '1.2.3법칙'이라는 원칙이 있다. "한 번 말하고, 두 번 듣고, 세 번 맞장구 쳐주라"는 것이다.

개그맨 박준형이 초등학교를 다닐 때의 일이다. 여름 방학이 끝날 즈음 벼락치기 일기쓰기를 하던 박준형은, 날씨를 쓰는 문제 때문에 막막해졌다. 방학 내내 어느 날이 맑았는지, 비가 내렸는지, 구름이 끼었는지까지 기억하면서 놀 수는 없는 노릇이 아닌가. 그래서 어머니께 슬며시 물어봤다.

"엄마, 지난주 시장 다녀오셨을 때 날씨가 어땠어요?"

"그날, 맑았지. 근데 왜 물어?"

"그냥 궁금해서요. 그러면 그 이튿날은 어땠어요?"

"아이고, 이 녀석아! 벼락치기 일기쓰기를 시작했구나."

그날 박준형은 회초리로 시퍼렇게 멍이 들 정도로 종아리를 맞았다. 그러나 박준형은 이런 습관을 겨울 방학 숙제를 할 때도 버리지 못했다. 그때 문득 떠오른 것이 날씨의 기준을 새로운 관점에서 재정립하는 것이었다. 날씨를 반드시 비, 흐림, 구름 많음, 맑음이라는 기준으로 기록할 필요가 있는가 싶었던 것이다. 그래서 어린 박준형은 날씨를 기록하는 곳에 겨울 방학임을 떠올리며 '추움'이라고 기록했다.

일기 숙제를 점검하던 선생님이 박준형을 교무실로 호출했다. 겁을 잔뜩 먹고 교무실로 불려간 박준형에게 선생님은 이렇게 말씀하셨다.

"우리 준형이는 참 영리하구나. 날씨를 쓰는 새롭고 기발한 아이디어를 만들다니!"

그러면서 박준형에게 "이 다음에 훌륭한 사람으로 성장할 것"이라고 머리를 쓰다듬으며 격려해주었다. 훗날 박준형은 개그맨이 된 뒤 매우 다양한 개그 소재를 개발하여 시청자들로부터 좋은 평가를 받았다. 특히 본인의 돌출된 구강 구조를 십분 활용하여 무나 호박, 수박 등을 치아로 갈아대는 '갈갈이' 장기로 대단한 인기를 확보했다.

박준형의 초등학교 시절 선생님의 사례에서 보듯이, 칭찬의 의미를 가진 맞장구는 클라이언트의 자기 계발에 상당히 효과적이다. 아울러 맞장구를 잘 활용하면 코치와 클라이언트 사이의 대화의 리듬도 좋아지고, 상대방의 마음도 흡족하게 해서 분위기를 한층 밝게 만들 수도 있다.

일본에서 화술 교실을 운영하고 있는 가나이 히데유키가 쓴 《대화가 막힘없이 이어지는 33가지 포인트》에 대표적인 맞장구 표현들이 있어 인용해보겠다.

» "대단하네요!"

　가볍게 치면 상대방의 기분을 상하게 만든다. 진심 어린 마음을 잘 담아야 한다.

» "역시 다르군요!"

　마음을 가득 담아서 하면 상대방에 대한 칭찬을 그대로 전달할 수 있다. 다만 목소리의 강·약과 높낮이에 따라 자칫 비아냥거림으로 들릴 수 있음에 유의하라. 상대방이 오해하지 않도록 마음을 담아 맞장구를 쳐야 한다.

» "최고예요!"

　엄지손가락을 치켜세우는 추임새를 함께하면 더욱 효과적이다.

» "깜짝 놀랐습니다!"

　'정말 놀랐다'는 마음을 표정에 담아, 그러니까 눈을 크게 뜨고 표현하면 상대방도 이어지는 말을 할 때 활기를 띤다.

» "그런 일이 가능한 건가요?"

　'믿을 수 없다'는 마음을 표정에 담아 표현하면, 말하는 사람이 이야기에 기분 좋게 몰입하면서 자신의 속마음을 마음껏 표현하게 된다.

» "존경스럽습니다."

존경하는 마음과 감사하는 마음을 깊이 있게 표현한다. 존경과
감사의 마음을 전하면, 상대방은 나를 무한히 신뢰하게 된다.

12. '멈춤'을 활용하여 대화의 달인 되기

일본의 만담가이자 탤런트이며 '화술(話術)의 신'이라고 불리는 도쿠가와 무세(1894~1971)는 "화술은 틈을 파고드는 기술이다"라고 했다. 이는 대화에서 '멈춤'이 얼마나 중요한지를 강조한 말이다. 즉, 대화가 계속 이어지지 않는 게 대화의 단절을 의미하지는 않는다. 대화를 하면서 잠시 쉬어가는 '멈춤'을 두는 것이야말로 대화에 없어서는 안될 양념을 치는 것과 다름 없다.

훌륭한 PT(프레젠테이션) 장표나 그림을 보면 반드시 '여백'이 있다. 이 여백(공간)이 있기에 PT의 내용이 더욱 빛나고, 그림에서는 생명력이 느껴지는 것이다. 대화도 이와 같다. 대화에도 여백이 있어야 대화에 생명이 담기게 되고, 빛을 발하게 되는 것이다.

우리는 대화를 하다 보면 대화의 목적과 목표를 잃고 횡설수설하거나 쓸데없는 말로 시간을 보낼 때가 종종 있다. 궁극적으로는 쓸모없는 군더더기 말만 늘어놓는 자신을 발견하곤 한다. 이럴 때는 대화를 잠시 멈추라. 그리고 대화의 목적과 목표대로 말을 하고 있는지 생각해본 다음 대화를 이어가는 것이 좋다. 한결 같은 빠르기와 음성으로 말하기보다는 말의 강·약과 높낮이, 빠르기를 조절하면서 대화를 이끌어가는 것이 효과적이다.

침묵과 멈춤은 다르다. 침묵은 대화의 맥을 끊고 분위기를 차갑게 만들지만, 멈춤은 대화에 생기를 불어 넣는다.

"자기야, 어제 《반지의 제왕》을 봤는데 말이지……, 정말 대단하더라고……, 영상미가 상상 이상이었어……."

부부간에 대화를 나누다 보면 자연스럽게 속마음을 그대로 드러내는, 이와 같은 대화를 하게 된다. 물론 자연스럽게 대화를 하니, 멈춤을 저절로 살린 화법을 구사하게 된다.

다시 말한다. 침묵은 멈춤과는 다르다. 침묵이 사용되는 다음의 대화를 바로 위의 대화와 비교해보자.

"A안에 대해 생각해봤나?"

"……."

"왜 대답이 없나?"

"……."

"뭐라고 말 좀 해보게!"

"……."

침묵은 대화의 목적과 목표는 물론 이야깃거리도 없어서 어색하게 시간만 흐르는 것을 말한다. 이 침묵의 시간을 사람들은 두려워한다.

멈춤은 송신자(말하는 사람)뿐만 아니라 수신자(듣는 사람)에게도 생각할 시간을 제공해준다. 그러니까 질문을 던지고 난 다음 상대방이 생각하고서 대답할 수 있을 만큼의 멈춤을 두어야 한다. 바로 다음과 같이 말이다.

"조직 역량 분석은 어떻게 할 건가요……?"

"핵심 자산, 핵심 프로세스, 핵심 기술 등 세 가지 측면에서 분석할 계획입니다……."

"내가 지원해야 할 부분은 없나요……."

"내일 중으로 요청 사항에 대해 설명 드리겠습니다……."

이 대화에서 보듯이 멈춤에는 다양한 의미가 있다.

» 내가 생각할 시간을 갖기 위한 멈춤

» 상대방이 대답할 시간을 주기 위한 멈춤

» 체크를 위한 멈춤

» 관심을 끌기 위한 멈춤

» 동기를 부여하기 위한 멈춤

» 설득을 위한 멈춤

» 여운을 남기기 위한 멈춤

이렇듯 멈춤은 각양각색이라 하나하나가 독특한 목적과 의미를 가지고 있다. 이러한 틈을 대화에 잘 녹여서 살릴 필요가 있다.

멈춤을 잘 살리려면 상대방을 신뢰하고, 상대방의 말을 귀담아 듣고, 상대방의 느낌이나 감정 등을 잘 읽으면서 대화를 진행해야 한다.

멈춤을 잘 살릴 수 있는 대화를 할 수 있다면 누구나 대화의 달인이 될 수 있다.

13. 상대방을 끌어들이는 최면 기술

상대방을 끌어들이는 최선의 최면 기술을 소개해보라면 '동조암시(同調暗示)'를 들겠다. 가령 유치원생 열 명이 있고, 그 아이들에게 검은 구슬 한 개와 흰 구슬 한 개를 선생님이 보여준다고 해보자. 일단 선생님이 "이 구슬은 무슨 색이죠?"라고 물을 때 영희, 철수, 보영이 등 아홉 명과는 이번만 "흰 구슬이에요"라고 대답하라고 사전에 약속을 해둔 상태다. 그러나 단 한 사람, 바로 희정이에게는 이러한 약속을 하지 않았다. 희정이는 어떻게 대답했을까?

"영희야, (검은 구슬을 보여주면서) 이 구슬은 무슨 색이지?"

"네, 선생님, 흰 구슬이요."

"철수야, 이 구슬은 무슨 색이지?"

"예, 선생님, 그건 하얘요."

"보영아, 이 구슬은 무슨 색이지?"

"네, 선생님 그것은 흰 구슬입니다!"

"철수야, 이 구슬이 무슨 색일까?"

"예, 선생님, 흰 구슬이요."

"희정아, (시침을 뚝 떼고) 이 구슬은 무슨 색이지?"

"네, 선생님, 그것은 흰 구슬이에요!"

희정이는 선생님이 보여준 구슬의 색깔이 분명히 검은색임을 알고 있으면서도 '흰 구슬'이라고 선생님께 또박또박 이야기했다. 이와 같이 한 무리에서 떨어져 나오는 것이 두려워 집단에 무의식적으로 동조하는 현상을 '동조성의 원리'라고 한다.

클라이언트가 코칭 받기를 꺼려할 때 이 방법을 활용하면 효과적이다. 그러니까 훌륭한 선배들도 모두 코칭 과정을 통해 성장했다고 말해주는 것이다.

상대방을 끌어들이는 두 번째 최면 기술은 '손익 교환'이다. 이 방법은 손익에 민감하게 반응하는 사람들에게 효과적이다. 어느 날 A가 초등학교 동창인 B에게 돈을 빌리러 왔다. B는 A가 변제 능력이 전혀 없는 신용불량자임을 안다. 그런데 B는 A에게 선뜻 거금을 빌려준다. B는 왜 신용불량자인 A에게 선뜻 거금을 빌려주었을까? 그것은 친구들로부터 신뢰감과 포용력이 있는 사람이라는 평가를 받을 수 있어서다. 즉, 자신의 막대한 돈과 친구들로부터의 존경·신뢰감을 교환한 것이다. 여기서 주의해야 할 점은 손익 교환이라는 것이 반드시 물질적인 것과의 교환만을 뜻하는 것은 아니라는 점이다. 정(情)이라든가 신뢰감, 존경, 권위 등 비물질적인 것과의 교환도 포함된다는 점이다.

그러니까 클라이언트가 문제를 해결하게 되면 그가 앞으로 일을 편하게 할 수 있을 뿐만 아니라, 실질적인 위험으로부터도 탈피할 수 있고 보상도 따를 것이라고 말해주는 것이다.

상대방을 끌어들이는 세 번째 최면 기술은 '자성예언(自成豫言)'이다. 이는 어떤 행동이나 학습을 할 적에 학습자가 보이는 학습 수준이 주변의 기대 수준에, 특히 교사가 가지는 기대 수준에 부합되는 현상을 말한다. 예컨대 학습자의 지능 수준이 높으면 학습성취도가 높아진다는 정보를 가진 교사가 자신이 담당하는 학생 중 특정 학생이 머리가 좋다고 믿는다고 가정해보자. 그러면 그 학생의 성취도가 실제로 높게 나타나는 현상이 바로 이것이다. 더군다나 그 학생의 실제 지능은 그렇게 높지 않더라도 이 관계는 성립된다.

그러니까 코치도 클라이언트에게 다음과 같이 기대하는 말을 함으로써 대화에 끌어들일 수 있다.

"자네에게 거는 기대가 크네."

"이 일을 할 수 있는 사람은 자네밖에 없어!"

"저번에도 프로젝트를 기대 이상으로 성공시켰잖아. 이번 프로젝트도 자네만 믿네."

"자네에게 일을 맡기면 마음이 놓여."

이렇듯 코치는 근거를 가지고 있지 않으면서도 그 클라이언트에 대한 자신의 기대가 크다는 것을 강조한다. 물론 코치나 윗사람이 자신에게 기대하는 바가 크다는 것을 알면 클라이언트도 이 기대를 배신하지 않는다.

제3부

1. 커뮤니케이션이란?

송신자(말하는 사람)와 수신자(듣는 사람)가 느낌, 생각, 의견, 욕구 등을 언어적·비언어적 수단을 통해 서로 교환하는 일련의 과정이다.

커뮤니케이션 모델

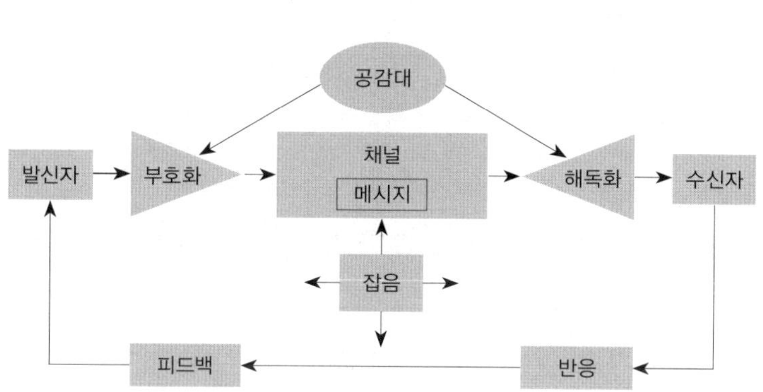

2. 메라비안의 법칙

커뮤니케이션의 55퍼센트가 제스처, 자세, 얼굴 표정과 같은 시각적인 몸짓언어의 영향을 받고, 38퍼센트가 목소리의 높낮이, 빠르기, 어조와 같은 말의 전달 방식에 의해 영향을 받으며, 7퍼센트만이 말의 내용에 의해 영향을 받는다는 이론이다.

3. 일반 커뮤니케이션과 코칭 커뮤니케이션의 차이점

가. 내가 대화의 중심이다 VS. 상대가 대화의 중심이다

나. 일방적으로 말한다 VS. 대화에 끌어들인다

다. 재촉한다 VS. 기다린다

라. 일방적으로 답변한다 VS. 근거를 가지고 답변한다

마. 모니터링을 하지 않는다 VS. 모니터링을 한다

바. 답을 준다 VS. 힌트를 준다

사. 약점을 지적한다 VS. 강점을 지지한다

아. 잘못했을 때 야단을 친다 VS. 잘못한 원인을 파악하고 해
   결안을 도출한다

자. 말로 마무리한다 VS. 실행으로 연결한다

4. 클라이언트 자신이 소중한 존재라는 사실을 깨닫게 하는 방법

가. 클라이언트의 장점을 발휘하도록 도와준다.

나. 다른 사람 앞에서 칭찬을 해준다.

다. 다른 사람의 평판을 전한다.

5. 불만을 제안으로 바꾸는 방법

불만 사항	제안으로 전환
우리 부서가 타 부서에 비해 의욕이 많이 떨어지는 편입니다.	우리 조직을 활성화시킬 방법을 워크숍(Workshop)으로 찾아보면 어떨까요?
밤낮으로 일해도 일이 줄지 않네.	일에 우선순위를 정해 중요한 일부터 실행하게 하면 어떨까요?

고객 클레임이 줄지 않네요. 도대체 R&D 부서는 이런 제품을 왜 개발했답니까?	이번 클레임 문제는 R&D 및 품질 관리 부서의 얘기를 들어보고, 핵심 고객들을 대상으로 니즈를 좀 더 면밀히 조사한 뒤 해결 방안을 수립하는 게 어떨까요?
왜 품질 관리 경쟁 대회에서 매번 우리 팀은 동상밖에 못 받습니까?	우리 팀원 전원을 대상으로 PPT 작성과 프레젠테이션 스킬(Presentation Skill) 교육을 해보는 게 어떨까요?

6. 명령형을 권유형으로 바꾸기

명령/지시	권유/부탁
이 달 15일에 실시 예정인 인재원 워크숍에는 전 직원이 참석해야 합니다.	직원 모두가 참석하려면 워크숍 일정을 어떻게 짜야 할까요?
TV를 보려면 방을 깨끗이 청소해놓아 한다.	방을 깨끗이 청소하면 TV를 마음 편히 볼 수 있지 않을까?
이번 프로젝트는 1안, 2안, 3안 중 1안에 맞춰 하세요.	1안, 2안, 3안 중 각각의 장단점을 비교·분석해본 뒤 최종안을 선택하는 것은 어떨까요?
이번 프로젝트를 성공시키지 못한다면, 반드시 책임을 묻겠습니다.	이번 프로젝트가 성공하려면 어떻게 해야 할까요?

7. 자연스럽게 말을 끊는 요령

가. 양쪽의 대화가 균형 있게 이루어졌는지 체크한다.

나. 말을 가로막고 상대방의 이름을 부른다.

다. 지금까지 나온 이야기를 요약한다.

라. 대화를 과거의 일로 만든다.

마. 단호한 어조로 다정하게 마무리한다.

스팟(Spot) 코칭

1. 스팟 코칭 vs. 프로세스 코칭

코칭은 크게 스팟(Spot) 코칭과 프로세스(Process) 코칭으로 나눌 수 있다. 스팟 코칭은 클라이언트의 변화와 성장을 목적으로 진행하며, 수시로 필요한 시점에서 코칭 기술만을 활용해 짧게 진행한다. 그래서 클라이언트는 자신이 코칭을 받았다는 것조차 인식할 수 없을 수도 있다.

스팟 코칭을 하면 코치와 클라이언트가 심리적 부담을 덜 수 있으며, 또한 코칭이 일상 속에서 자연스럽게 이루어진다는 장점이 있다. 하지만 깊이 있는 문제 해결에는 접근하지 못한다. 스팟 코칭을 할 경우 일반 대화 기술 또는 코칭 커뮤니케이션 기술만으로도 코칭이 가능하다. 따라서 스팟 코칭은 코치가 대화 기술에 대한 기본적인 역량만 갖추고 있으면 가능하다.

반면 프로세스 코칭은 클라이언트의 변화와 성장을 도모하면서 비즈니스 문제도 해결하는 것을 목적으로 한다. 스팟 코칭과 다른 점은 스팟 코칭에서 활용하는 코칭 기술을 기본적으로 활용하지만, 코칭 프로세스에 의해 체계적으로 진행된다는 점이다. 또한 스팟 코칭과 달리 수십 분 이상 정기적으로 진행되는 경우가 많다.

프로세스 코칭은 클라이언트의 동의와 적극적인 참여가 필요하기에 쌍방이 부담을 가질 수 있다. 하지만 보다 더 근본적인 비즈니스 문제 해결에 접근할 수 있다. 프로세스 코칭을 하려는 코치는 스팟 코칭을 할 때보다 더 정교하고 체계적인 훈련을 받아야 한다.

	스팟(Spot) 코칭	프로세스(Process) 코칭
목적	클라이언트의 변화와 성장	• 클라이언트의 변화와 성장 • 비즈니스 문제 해결
방법	코칭 스킬	코칭 스킬 + 코칭 프로세스
시간	수시로, 짧게	수십 분 이상, 정기적으로
클라이언트 인식	클라이언트는 코칭 받았다고 느끼지 못할 수도 있음	클라이언트가 코칭에 동의
특징	• 코치와 클라이언트 쌍방의 부담을 덜 수 있음 • 일상생활에서 자연스럽게 이루어짐	• 클라이언트의 개입이 촉진됨 • 보다 더 근본적인 문제 해결에 접근할 수 있음

2. 관찰 기술

놀랍게도 업무 성과가 높은 사람 중 다수가 자신이 왜 성공했는지 제대로 모르고 있다. 심지어 실제 현장에서 관찰해본 결과 그들은 딱히 성과형 인재답게 행동하지도 않았다. 따라서 코치는 클라이언트의 성과를 지속적으로 모니터링하지 않으면 안 된다.

가장 효과적인 모니터링 방법은 관찰이다. 이를 통해 코치는 클라이언트의 역량을 계발해주고, 클라이언트가 자신의 성과를 개선할 수 있는 기회를 줄 수 있으며, 모니터링 결과로 클라이언트를 칭찬해주거나 그것을 피드백의 근거로 활용할 수 있다.

리더는 클라이언트의 행동과 성과를 매일매일의 활동에 기초하여 관찰해야 한다. 고객과의 상담이나 업무 미팅 또는 프레젠테이션처럼 직접적인 관찰을 통해 얻을 수 있는 정보도 있지만, 어떤 정보는 클라이언트와 관계를 맺는 사람들로부터 간접적으로 얻을 수도 있다.

관찰 기술은 코칭을 받는 사람이 어떤 방식으로 일을 하고 대화를 나누며 행동하는지 파악하여 코칭의 방향과 전략을 수립하기 위함이다. 관찰의 일차적인 목표는 클라이언트의 습관이 긍정적 또는 부정적으로 어떻게 영향을 미치는지 살펴봄으로써 클라이언트에 대한 균형 잡힌 정보를 얻는 데 있다.

관찰 조사(Observation Research)는 조사 대상자에게 질문하여 응답을 받는 것이 아니라, 조사원이 직접 혹은 기계 장치를 이용해 조사 대상자의 행동이나 모습을 관찰하고, 그 내용을 기록하는 방법을 통해 자료를 수집한다. 다른 조사 방법들과 달리 관찰 조사는 조사 대상자의 응답에 의존하지 않고 자료를 수집한다는 점에서 근본적인 차이가 있다.

효과적인 관찰을 위한 TIP은 다음과 같다.

» 섣불리 판단하지 마라. 아무런 증거 없이 즉각적인 판단을 하는 것은 금물이다.

» 순수하게 바라보라. 클라이언트에게 의심스러운 점이 있더라도 유리한 방향으로 해석해보라. 자신의 일을 망치겠다는 작심을 할 사람이 어디 있겠는가?

» 자신이 함부로 추측하고 있음을 인지하라. 검증되지 않은 경험 은 사실이 아닐 수도 있음을 유념하라. 그러니 어떤 일이든 함부로 추측하지 말아야 한다.

» 클라이언트에게 관심을 가져라. 클라이언트의 말과 행동 하나하나

를 세심하게 배려하라.

관찰이 이루어지는 상황

» 출장 등 클라이언트와의 동행 시

» 클라이언트와의 업무 수행 시

» 클라이언트와의 전화 통화 시

» 클라이언트에 대한 교육 훈련 시

» 클라이언트가 보고를 해올 시

» 클라이언트도 참석한 회의 시

» 클라이언트와의 대화 시

관찰 프로세스

가. 관찰 계획 수립

관찰 계획 수립 시 다음의 내용이 포함되어야 한다.

첫째, 조사의 목적 – 관찰 조사를 왜 하는지 그 이유를 분명히 해야 한다. 관찰의 목적이 평가를 위한 것인지, 아니면 역량 개발을 위한 것인지 등 목적을 명확히 하지 않으면 불필요한 관찰 결과를 얻을 수 있다.

둘째, 관찰 방법 – 관찰 방법으로는 직접 관찰 방법과 기계 장치를 활용한 관찰 방법이 있다. 또한 관찰 방법에 따라 관찰의 내용과 결과가 달라진다.

셋째, 관찰자 및 피관찰자 선정 - 관찰은 누가하고, 관찰의 대상은 누구로 할지를 결정한다. 이 과정에서 누구를 선정하느냐에 따라 분석의 질이 달라진다.

넷째, 조사의 깊이 - 관찰자 대 피관찰자가 '1 대 다수'의 양적 조사를 할지, 아니면 '1 대 1'의 질적 조사를 할지를 판단한다. 이에 따라 조사의 질과 비용, 기간이 달라진다.

다섯째, 조사 내용 - 피관찰자에 대한 조사 내용을 무엇으로 할지를 결정한다. 이는 조사의 목적과 연결되어야 한다.

여섯째, 오픈(open) 여부 - 관찰 상황을 클라이언트에게 오픈할지를 판단한다. 오픈 상태에서 관찰하면 클라이언트가 가식적인 행동을 보일 수 있으나, 윤리적인 문제를 해결할 수 있다는 장점이 있다. 반면 오픈하지 않은 상태에서 관찰할 경우 윤리적인 문제가 발생할 가능성이 있으나, 객관적인 정보를 습득하는 데는 유리하다. 물론 오픈 여부는 코치가 상황에 따라 판단해야 한다.

나. 라포 형성

라포(rapport)는 신뢰와 친근감으로 이루어진 인간관계다. 상담, 치료, 교육, 코칭 등은 특성상 상호 협조가 중요하다. 라포는 이를 충족시켜주는 동인(動因)이 된다. 라포를 형성하기 위해서는 피관찰자의 감정, 사고, 경험을 이해할 수 있는 공감대를 형성하기 위해 노력해야 한다. 한국 코칭 센터에서는 라포를 형성하기 위한 방법으로 다음의 세 가지 방법을 제시했다.

첫째, 페이싱(Pacing)이다.

페이싱은 상대방의 음성, 어조, 신체 반응 등에 자신을 맞추고 신념과 가치관도 존중하는 것이다. 마치 커플댄스에서 호흡을 맞추듯이 대화의 호흡을 맞추는 기법이다. 페이싱은 라포 형성의 본질이라 할 수 있다. 노골적이지 않고 '자연스럽게' 반응했을 때 효과적이다.

둘째, 미러링(Mirroring)이다.

미러링은 말 그대로 상대방의 행동을 거울처럼 반영하는 대화 기법이다. 거울처럼 상대방이 움직이는 방향으로 똑같이 움직임으로써 안정감과 친밀함을 형성할 수 있다.

셋째, 백트랙킹(Back Tracking)이다.

백트랙킹은 맞장구치기를 말한다. 즉, 상대의 말에서 중요한 부분을 다시 한 번 반복해 말하는 것이다. 상대방에게 내가 당신의 말을 잘 듣고 있으며 또한 잘 받아들이고 있음을 표현함으로써 라포를 형성할 수 있다. 여기서 중요한 것은 단순히 상대방의 말을 듣고서 표면적으로 반응하는 것이 아니라, 관심을 갖고 귀를 기울이는 것이다. 진심을 담아 귀 기울여 듣지 않으면서 대강 형식적인 반응을 보이는 것은 오히려 상대방에게 불쾌감을 줄 수 있다.

다. 관찰 및 행동 기술

관찰 방법에는 관찰자가 직접 관찰하는 전통적인 방법과, 기계 장치
(카메라)로 촬영해 동영상으로 만든 후 이를 분석하는 방법이 있다.

직접 관찰법은 관찰자가 조사 대상의 행동이나 현장을 직접 보면서
필기구를 이용해 노트에 적거나 관찰 시트(Sheet)를 이용해 기입하는
것이다. 관찰 시트를 작성할 때에는 관찰해야 할 내용을 빠짐없이 기
입해야 하고, 측정 가능한 기준이 포함되어야 하며, 관찰자에 따라서
동일한 관찰 내용에 대해 기록의 편차가 발생하지 않도록 명확하고 손
쉬운 구분이 가능해야 한다.

기계 장치를 활용하면 기계 장치에 입력된 내용을 다시 해석하고 분
석하는 이중 절차를 거치게 된다. 실제 관찰에 앞서 관찰자에 대한 사
전 교육과 훈련도 필요하다. 객관적인 관찰을 위한 구체적인 관찰 지
침을 알려주고, 기록하는 방법에 대해서도 설명해주어야 한다. 이러한
관찰에서 무엇보다 중요한 것은 피관찰자의 행동을 보고 기록할 때
관찰자의 주관적 판단에 따라 차이가 발생하지 않도록 하는 것이다.

관찰을 마치고 자료가 수집되면 이를 분석하고 해석하는 과정을 거
치게 된다. 관찰 시트를 활용해 기록한 자료는 통계 분석을 통해 해석
하는 과정을 거친다.

소수의 사례를 대상으로 한 질적인 관찰 조사의 경우에는 심층적
분석과 해석이 필요하며, 조사자의 주관이 개입되지 않도록 유의해야
한다. 특히 관찰 조사는 자료의 수집, 분석, 결과 해석 시에 상당한

주의가 필요하다. 주의해야 할 점은 다음과 같다.

첫째, 관찰자에게 관찰의 목적을 주지시킨다. 관찰자가 관찰의 목적을 알고 있어야 올바른 조사가 진행될 수 있기 때문이다.

둘째, 피관찰자가 관찰되고 있다는 사실을 인지하지 않도록 해야 한다. 관찰되고 있음을 알면 피관찰자는 평소와 다른 반응이나 행동을 보여 관찰자가 객관적인 정보를 얻을 수 없기 때문이다.

셋째, 관찰 내용을 정확히 기록한다. 관찰할 내용을 어떻게 기록할지에 대한 철저한 준비가 사전에 요구된다. 자칫 필요한 내용을 누락할 경우, 직접 관찰법의 경우에는 다시 관찰할 수 없으므로 미흡한 조사 결과로 분석을 마무리 하거나 새로이 조사하지 않으면 안 된다. 기계 장치를 활용해 기록한 내용이 있더라도 재분석이라는 번거로운 절차를 거쳐야 한다.

3. 공감적 경청하기

공감적 경청의 비결은 당신의 태도에 달려 있다. 상대방의 이야기를 진정으로 듣기를 원해야 한다. 공감적 경청 태도는 좋은 인간관계의 기본이 된다. 이와 같은 공감적 경청 태도는 상대방이 자신을 중요한 사람으로 느끼게 하고, 서로를 이해할 수 있도록 만들어준다.

'말하는 태도'보다 '듣는 태도'가 의사소통에 더 큰 영향을 미친다. 나의 '듣는 태도'는 다른 사람에게 나에 대한 인상을 형성시키는 중요한 요인이 된다. 긍정적인 청취 태도는 긍정적인 인상을 형성시키며, 부정적인 청취 태도는 상대방에게 부정적인 인상을 남기게 된다. 만약 당신이 마음을 털어놓고 이야기하고 싶은데, 상대방이 너무 바쁘다고 하거나, 충고부터 하거나, 이야기의 앞부분만 듣고 나머지는 듣기를 귀찮아 하는 내색을 보인다면 당신은 어떤 생각이 들까?

아마 "늘 안 바쁘다가 왜 지금 바쁘다는 걸까? 내가 이 사람에게 이 정도 밖에 안 되나?", "당신이나 잘해! 누가 몰라서 그래?" 또는 상대를 무시하거나 상대가 주관하는 회의에서 상대의 말에 귀 기울이지 않겠다는 생각을 할 수 있을 것이다.

누군가가 자신의 속마음을 당신에게 털어놓는 상담을 요청했으면서도 오히려 당신이 제시하는 충고나 해결책을 무시하는 듯한 반응을 보였던 경험이 있을 것이다. 사람들은 아무런 충고나 해결책을 제시해주지 않고 단순히 듣기만 하는 것을 매우 어려워한다. 그러나 오히려 상담을 요청한 사람은 해결책을 제시해주는 것보다 자신의 감정에 상대방이 공감해주기를 바라는 경우가 더 많다. 즉, 상대방은 '공감적 경청'을 바라는 것이다.

공감적 경청이란 상대방의 말이나 행동 등 표면적으로 나타나는 것뿐만 아니라 상대방의 내면에 숨겨진 감정이나 기분까지 듣는 것을 말한다. 공감이란 상대방의 생각이나 행동에 대해 옳고 그름과 관계없이 상대방의 감정을 있는 그대로 공유해주는 행위이기 때문이다.

공감적 경청의 아주 부적절[Worst]한 사례

어느 날 선생님께 야단맞고 온 현진이가 엄마에게 투덜댄다.

"엄마!"

"왜?"

"나 오늘 선생님께 혼났어요."

"오늘은 또 무슨 짓을 했니? 야단 맞을 만하니까 맞았겠지! 아이구,

한심한 녀석. 도대체 누굴 닮아서 저런데?"

"엄마하고는 대화가 안돼! 뭐, 내가 맨날 잘못하는 줄 알아?"

현진이는 학교에서 섭섭했던 마음을 엄마에게 위로 받으려 했으나, 엄마는 현진이의 속마음을 알아주지 못한다. 이후 현진이는 엄마와 대화하려는 마음을 접어버렸다.

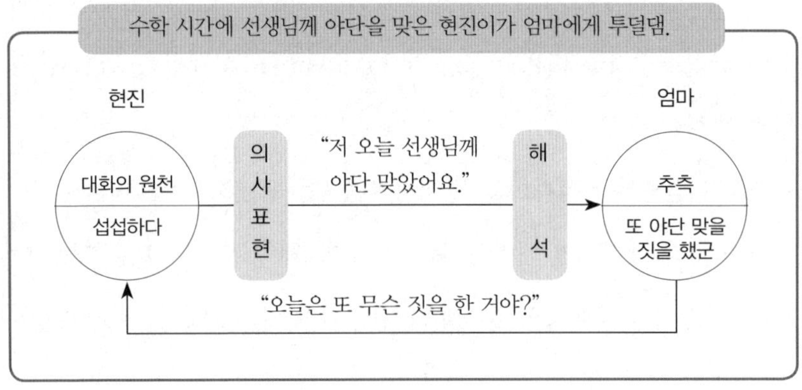

공감적 경청의 상당히 적절[Best]한 사례

어느 날 선생님께 야단 맞고 온 수림이가 엄마에게 투덜댄다.

"엄마! 저 학교 다녀왔어요."

"그래, 잘 다녀왔니?"

"아뇨. 저 오늘 선생님께 야단 맞았어요?"

"오, 저런! 많이 서운했겠구나?"

"네, 엄마. 많이 답답하고 화가 났어요."

"그래, 이리 와 보렴."

(엄마는 수림이를 꼭 안아준다.)

수림이는 곧 자신이 선생님께 잘못한 행동에 대해 반성하면서 자신의 감정을 그대로 받아준 엄마에게 고마운 마음을 전한다.

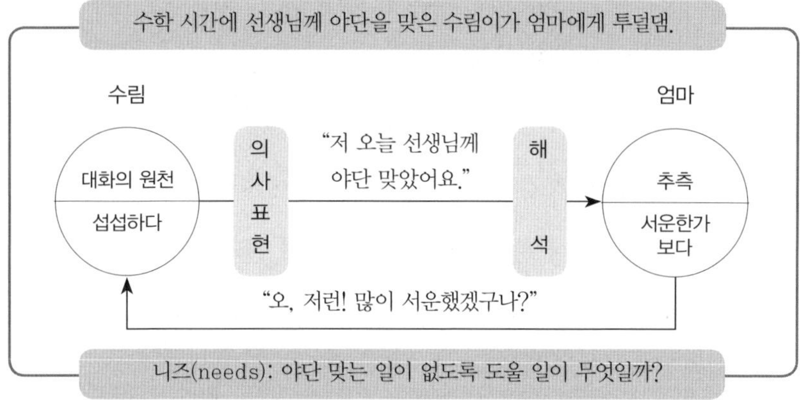

그렇다면 공감적 경청은 어떻게 해야 할까?

첫째, 상대에 대한 부정적인 감정을 제거하라. 그리고 상대의 강점을 찾아서 칭찬하고 인정하라.

둘째, 대화 내내 시선을 클라이언트에게 집중하라. 클라이언트의 대화에 몰입하고 있다는 코치의 메시지는 상호 신뢰의 원동력이다. 상호 신뢰가 없으면 코칭은 실패한다.

셋째, 귀로만 듣지 말고 눈, 몸, 느낌으로 들어라. 모든 감각을 동원하라. 그래야 상대의 속마음까지 읽을 수 있다.

넷째, 상대의 말에 긍정적인 반응을 하라. 즉, 클라이언트의 이야기에 맞장구를 쳐주어라. 그래야 클라이언트에게 자기주도적으로 문제를 해결하겠다는 에너지가 생긴다.

다섯째, 객관적인 사건과 사실을 들으면서 클라이언트 개인의 감정도 들어라. 문제점이나 문제 해결 방법을 이미 클라이언트가 인식하고 있는 경우가 많다. 이때는 감정에 귀 기울이는 것이 더 큰 효과를 얻을 수 있다.

여섯째, 핵심 이슈에 대해서는 상대방이 한 말에 대해 요약·정리하여 체크하기식 질문을 한다. 체크하기식 질문을 통해 정보가 상대방에게 명확하게 전달되고 있음을 알 수 있으며, 이로써 클라이언트는 코치가 자신의 이야기를 경청하고 있음을 인식하게 된다.

코칭 전문 업체인 인코칭에서는 듣기를 3단계로 분류한다.

1단계(들린다, Hearing)는 주의를 기울이지 않은 채 단순히 표면의 사실만을 듣는 행위다. 아무런 감정이나 반응 없이 아이의 울음소리를 들었다면, 그것이 바로 Hearing한 것다. 즉, 클라이언트가 하는 이야기의 내용(Fact)만을 듣는 것이다.

2단계(듣다, Listening)는 말하는 이에게 좀 더 가까이 다가가 주의를 기울여 듣는 것으로, 단순히 듣는 것 이상의 행위다. 즉, 듣는 과정에서 말하는 사람의 표정, 몸짓, 목소리와 어조의 패턴, 몸짓언어 그리고 감정 등을 이해하고 주의를 기울여 듣는 행위다. 아이의 울음소리를 들음으로서 아이의 감정 상태를 생각했다면, 그것이 바로 Listening한 것이다. 즉, 클라이언트의 기분과 마음의 움직임(Emotion)을 듣는다.

3단계(경청하다 혹은 상대방에게 신경을 쓴다, Attentiveness)는 습관적으로 주의 깊게 마음을 쓰는, 상대방의 이야기를 들으며 생각하고, 예의를 갖춘 자세를 보이며, 끊임없이 상대를 위하는 행위다. 아이의 울음소리를 듣고 아이를 위해 뭔가를 해야겠다고 생각했다면, 그것이 바로 경청하는 것이다. 즉, 클라이언트의 이해도, 의욕, 기대사항(Needs)을 듣는 것이다.

단계별 경청 사례

[상황]

품질보증실의 김 대리는 MCB 2039 제품의 마그네틱 불량에 대한 소비자 클레임 증가로 품질보증센터장으로부터 심한 질책을 받았다. 불량 개선은 양산설계 부서에서 시방을 변경하고 조치해야 하는 사안인데, 질책은 매번 품질보증실 직원들이 받는다. 김 대리는 이에 대해 불만이 크다. 그래서 김 대리는 부서로 복귀한 후 상사인 박 차장에게 면담을 요청했다.

김 대리: 차장님! 불량 문제는 R&D나 양산 설계 쪽 사람들이 개선할 사안 아닙니까? 헌데 매번 저희들에게 책임을 묻습니다.

이에 대한 박 차장의 반응은 다음과 같이 세 가지일 것이다.

» Hearing(들린다) – 마그네틱 불량에 대한 소비자 클레임이 증가한다는 얘기군. [사실(Fact)]

» Listening(듣는다) – 질책을 받아 참 답답하겠군. [기분(Emotion)]

» Attentiveness(신경을 쓴다) – 관련 부서와 협조해 마그네틱 불량 해결 방안을 도출할 방법이 없을까? [(기대사항(Needs)]

코치나 리더는 클라이언트나 부하직원과 효과적인 커뮤니케이션을 하려면 적어도 2단계 이상의 경청을 해야 한다.

4. 피드백 기술

피드백이란 상대방의 말이나 행동에 대한 나의 느낌을 전달해주는 것이다. 즉, 출발지에서 도착지까지 가장 빠른 시간 내에 효과적으로 도착할 수 있도록 정보를 제공해주는 것을 말한다. 클라이언트는 그들의 목표 달성을 위해 리더로부터 지속적인 피드백을 받아야 한다.

피드백은 코칭을 받는 사람이 목표 달성을 위해 올바른 경로에 있게 해 주며, 현재의 위치도 알려준다. 또한 클라이언트가 자신의 문제를 인식할 수 있도록 정보를 제공하며, 스스로 해결 방안을 도출하여 실행할 수 있도록 도와준다. 그렇기에 피드백은 우리가 하루 세 끼 이상 섭취하는 영양소와 같다.

바람직하지 못한 리더는 개선이 필요한 행동과 활동에 관해서가 아니라, 사람에게 초점을 맞춘 부정적인 피드백을 많이 준다. 즉, 클라이언트의 행동과 활동에 관해서는 거의 이야기하지 않고, 단지 "좋습니다" 또는 "잘 하셨습니다"라는 듣기 좋은 말로 격려만 하는 것이다. 물론 클라이언트가 잘못 갈 수도 있는데 리더가 모두 'ok'하면 문제가 발생한다. 즉, 그런 상황에서는 클라이언트가 자신의 행동과 활동을 수정할 기회를 구할 수 없다.

바람직하지 못한 리더는 클라이언트에게 개별적인 피드백을 결코 주지 않으면서, 상부 경영진이 중요하게 여기는 행동과 활동에만 집중한다. 클라이언트에게 아무런 피드백을 주지 않고 그대로 둠으로써 문제 해결의 기회를 놓치는 것이다. 반면 바람직한 리더는 클라이언트의 행동과 활동에 초점을 맞춘다. 그들이 잘 하고 있을 때 칭찬하고, 변화가 필요할 때에는 알려준다. 클라이언트의 행동과 활동에 관해서 솔직하고 직설적이다. 이들은 긍정적 피드백뿐만 아니라 발전적 피드백도 적시에 해준다.

긍정적 피드백 VS. 발전적 피드백

구분	긍정적 피드백	발전적 피드백
정의	바람직하거나 기준을 충족시키는 행동에 대한 피드백	바람직하지 않거나 못 미치는 행동이나 결과에 대한 피드백
목적	강화: 바람직한 행동의 유지 및 증가	개선: 바람직하지 않은 행동의 중지 및 바람직한 행동으로의 변화
방법	칭찬 및 인정하기	발전이 필요한 부분을 구체적으로 언급

긍정적 피드백이란?

다른 사람이 성장할 수 있도록 돕는 것보다 더 숭고한 일이 있을까? 없다고 생각한다면 어떻게 클라이언트의 성장을 도울 수 있을까?

사실 피드백은 아주 쉽다. 칭찬해주고 격려해주면 된다. 참아주고 들어주면 된다. 이해하려고 노력하며, 장점을 발견하면 된다. 꿈을 갖도록 도와주고, 그들의 결점과 실수를 잊어준다. 그리고 그들을 친절하게 대하고 사랑하면 된다.

긍정적 피드백은 다른 이에게 동기를 부여하고 자신감을 갖게 하며, 인간관계도 개선하는 최고의 수단이다. 그렇듯 클라이언트를 칭찬하고 인정해주려면 클라이언트의 장점에 집중해야 한다. 긍정적 피드백은 먼저 사람에 대해 칭찬한 다음 클라이언트의 바람직한 행동이나 사실을 칭찬하고 감사로써 마무리 한다.

긍정적 피드백(칭찬) 절차

긍정적 피드백의 요령은 다음과 같다.

첫째, 진심으로 인정하고 지지한다.

둘째, 구체적이고 간결하며 사소한 면도 자주 언급한다.

셋째, 결과뿐만 아니라 과정과 노력도 인정한다.

넷째, 바람직한 행동을 지속적으로 할 수 있도록 격려한다.

다섯째, 큰 것은 작게 나누어 많이 칭찬한다.

"김 대리는 일을 잘 한다"고 칭찬하기보다는, 무엇을 잘하는지 그 근거를 제시하면서 이를 좀 더 세부적으로 나누어 칭찬하면 좋다. 그러니까 다음과 같은 식이다.

"김 대리는 항상 미소를 지으니 내 마음도 즐거워."

"김 대리는 사람들을 잘 독려하는 역량이 탁월해 팀 시너지 창출에 기여하는 것이 뛰어나."

"김 대리는 꼼꼼해서 일을 맡기면 안심이 돼."

"김 대리는 프레젠테이션 능력이 뛰어나, 들으면서 이해하기 쉬워."

"김 대리가 개발한 MCB2039는 고객들로부터 반응이 아주 좋아."

"김 대리의 마이콤 기술이 최고라더군. 내 마음이 든든해."

긍정적 피드백 예시

코치와 클라이언트의 관계에 있어서 형식적 관계에 따른 대화와, 든든한 신뢰에 기반을 둔 관계에 따른 대화는 차이가 난다.

신뢰 관계는 서로에게 얼마나 솔직한가에 달려 있다. 당신이 하는 것은 무엇이든 다 좋다고 말하는 사람을 당신은 신뢰하는가? 상황에

긍정적 피드백(칭찬) 절차

사람 칭찬	사실(행동) 칭찬	감사 표현
클라이언트의 동기, 노력 및 능력을 인정한다.	클라이언트의 바람직한 행동을 칭찬한다.	바람직한 행동이나 노력 및 능력에 대해 감사를 표한다.

따라 좋은 것은 좋다고 하고, 나쁜 것은 나쁘다고 말해주는 사람이 믿음을 줄 수 있는 법이다. 즉, 코치와 클라이언트의 바람직한 관계는 상대방이 내 입장에서 '정말 나를 위해서 나쁜 것을 나쁘다고 말하는구나!'라는 생각에 기반한 신뢰가 있어야 형성된다. 이것이 바로 발전적 피드백이다.

발전적 피드백의 목적은 상대방의 발전에 기반을 두어야 한다. 발전적 피드백은 비난이나 비판과는 다르다. 발전적 피드백은 구체적인 행동을 지적하고, 개선 방향을 제시하는 것이다.

발전적 피드백 절차

발전적 피드백의 요령은 다음과 같다.

첫째, 사실에 근거하여 진심을 담아 이야기한다.

둘째, 잘못된 행동이 미치는 결과에 대해도 언급한다.

긍정적 피드백 예시

제품 개발을 잘한 개발자에게

사람 칭찬	사실(행동) 칭찬	감사 표현
이 과장은 항상 밝고 업무 처리도 꼼꼼해서 항상 마음이 놓여.	이번에 개발한 제품도 고객들로부터 호평을 받고 ISO 인증도 받았네. 베트남 시장 진출도 가능해진 게 다 이 과장 덕분이라 생각하네.	이 과장은 타고난 능력도 뛰어나고, 노력도 많이 하는 사람이야. 대인관계도 좋고, 매사에 꼼꼼하지. 그래서 이 과장을 보면 늘 든든하고, 고맙게 생각해.

셋째, 내 느낌을 클라이언트의 기분이 상하지 않게 하면서 진솔하게 전달한다.

넷째, 듣기 곤란한 지적을 받은 클라이언트를 지지해줌으로써 그의 기분을 풀어준다.

발전적 피드백 절차

행동 지적	느낌 표현	바람 전달
클라이언트의 잘못된 말이나 태도, 행동과 이러한 행동이 결과에 미치는 영향에 대하여 지적한다.	클라이언트의 잘못된 말이나 태도 및 행동에 대한 내 느낌을 표현한다.	클라이언트의 바람직한 태도나 행동에 대한 코치의 바람을 전달한다. 그리고 지지를 표현한다.

감정(느낌)의 전달

클라이언트와 코치 자신이 감정을 주고받는 것은 매우 중요하다. 미국 산업 교육 전문 기관인 인스케이프 출판(Inscape Publishing Inc.)에서는 감정을 다음의 다섯 가지 단계로 정의했다.

1단계. 가벼운 인사

특별한 의미가 없는 일상적 대화다. "요즘 어떠세요?", "일은 잘 되시죠?" 같은 상투적 인사가 그것이다. 이런 말은 사람을 당황하게 하는 침묵보다 조금 낫다.

2단계. 이런 저런 세상 돌아가는 이야기

점심 식사나 커피를 마시면서 하는 대화다. 사건이나 사람 등에 관한 주제의 이야기다. 이런 이야기를 나눌 때는 자기 자신에 관한 이야기보다는 지금 하는 일에 관한 이야기를 주로 하는 게 좋다.

3단계. 의견과 생각을 드러냄

혹평과 반대를 무릅쓰고 자신의 속마음을 드러내는 대화다. 상대가 무관심한 듯하면 가벼운 이야기로 돌아가거나, 상대가 좋아할 만한 말을 한다.

4단계. 감정을 드러냄

마음의 상처나 위협 등 자신의 감정 상태를 표현하는 대화다. 후회하게 될 분노, 이기심, 적대감을 밖으로 표시한다. 때때로 흥분, 호감, 열정과 같은 유쾌한 감정으로 이야기할 수도 있다.

5단계. 최상의 대화(자신의 느낌을 말함)

의심, 분노, 두려움, 희망, 기쁨에 대한 느낌을 정직하고 용기 있게 말한다. 이런 대화는 자신에 대해 알게 되고, 또 상대방이 자신을 알 수 있도록 해줌으로써 서로를 성장시키는 효과가 있다. 그러므로 서로 완전한 조화를 이루면서 상대에 대한 깊은 이해와 정서적 만족감을 나누게 된다.

감정은 억제할수록 더 감정적이 된다. 이는 북극의 백곰을 생각하지 말라고 하면 더욱 머릿속에 또렷하게 떠오르는 것과 같다. 기실 내 감정은 어쩔 수 없지만, 내 생각과 행동은 조절할 수 있다. 따라서 나 자신의 감정을 그대로 받아들이고 이를 순화한 뒤, 어떻게 하면 좋을 지를 생각하고 행동하는 자세가 필요하다.

발전적 피드백 예시

예를 들어 조 대리가 제출한 보고서가 잘못 되었을 때 평범한 김 과장은 이렇게 말할 것이다.

"아니, 이런 거 하나 제대로 체크 못하고 결제를 올리나? 머리는 대체 뭐 하는 데 쓰는 건가? 다음부터는 좀 똑바로 해. 알았어?"

하지만 평범한 김 과장과 달리, 코치는 그 자신이 클라이언트들의 롤모델이 되어야 한다. 코치의 말, 행동, 태도를 클라이언트들이 본받

발전적 피드백 예시

조 대리가 제출한 보고서가 잘못되었을 때

행동 지적	느낌 표현	바람 전달
3월달 클레임률이 틀렸군. 3퍼센트로 알고 있는데, 13퍼센트로 적혀 있네. 이 데이터가 사장님께 그대로 보고되면 무슨 일이 나겠나?	보고서의 데이터가 매번 틀리니 참 답답해. 화도 난다니까.	보고서를 완성하면 세 번 이상 검토하고, 조 대리 멘토인 김 과장에게 검증을 받은 후 보고하게 하면 어떨까? 조 대리는 덜렁대는 것만 개선하면 흠잡을 데가 없는 사람인데….

고 싶다는 마음을 갖게 해야 한다. 아울러 코치를 따라서 행동하게 만들어야 한다. 즉, 가장 효과적인 피드백은 코치 자신이 클라이언트들의 롤모델이 되는 것이다.

재능과 강점을 발견하여 이를 강화하라.

대부분의 사람들은 자신의 약점을 찾고, 그것을 보완하는 데 집중한다. 그래서 세미나를 듣고, 교육과 훈련도 받는다. 그러나 이는 인풋(Input, 소모한 노력) 대비 아웃풋(Output, 성과)이 최저인 결과를 낳을 뿐이다. 한마디로 경제성이 낮다는 얘기다. 그런데 왜 자원과 시간을 그런 일에 낭비해야 하는가?

자신의 약점을 찾기보다 먼저 자신의 재능을 발견하고 장점을 찾아내어야 한다. 그리고 이를 더욱 강화하는 데 초점을 맞춰야 한다. 재능이란 어떤 일을 하는데 필요한 재주와 능력을 말한다. 이는 훈련으로 획득되는 경우도 있지만, 대개 태어날 때부터 가지고 있는 것이다. 즉, 인간은 기본적으로 잘할 수 있는 일과 잘할 수 없는 일을 가지고 태어난다는 것이다. 자신의 재능과 강점을 찾아 이를 더욱 강화하는 노력을 기울이면 약점은 저절로 줄어든다. 그러면 재능은 어떻게 발견할 수 있을까?

» 자신이 좋아하는 일을 확인해본다. – 사람은 무의식적으로 자기가 재능을 가진 분야를 좋아하게 마련이다.

» 자신의 기대와 결과의 차이를 분석하여 최상의 결과를 낸 의사 결정과 행동을 살펴본다. – 자신이 재능을 가진 분야에서 틀림없이 능력을 발휘했을 것이다.

» 학습 속도가 얼마나 빠른지를 분석해본다. – 자신이 뛰어난 재능을 가진 분야의 일은 빨리 배운다.

» 어떤 일이 만족스러웠나 살펴본다. – 사람은 자신이 잘하는 일을 했을 때 만족스러운 법이다.

» 어떤 분야에 몰입하는지 스스로를 관찰해본다. – 누구나 재능 밖의 일은 건성으로 한다. 재미도, 흥미도 없어서다.

» 자신의 재능과 강점이 무엇인지 주변 사람들에게 물어본다. – 사람들의 평판으로 팀원의 재능을 파악할 수 있다.

재능이나 강점을 강화하면 약점은 저절로 보완된다.

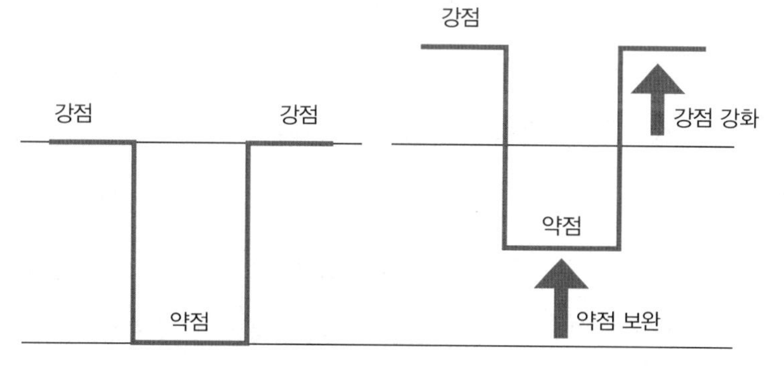

5. 단점을 장점으로 바꾸기

모든 사람은 단점과 한계를 가지고 있다. 그러나 이러한 단점과 한계는 그리 중요한 것이 아니다. 중요한 것은 그러한 단점을 어떻게 대하느냐다. 많은 사람은 자신의 단점을 억누르거나, 숨기거나, 혹은 거기에서 벗어나려고 한다. 또는 그 단점이 자신의 삶을 통제하도록 내버려두기도 한다. 그러나 아래에 소개하는 사람들은 자신의 단점 안에 들어 있는 장점을 찾아내고, 이를 끄집어내어 활용했다.

영국을 나치의 침략에서 구한 위대한 수상 윈스턴 처칠(1874~1965)은 우리 시대의 가장 탁월한 연설가로 알려져 있다. 특히 제2차 세계대전(1939~1945) 초반의 연이은 패배로 항복마저 진지하게 고려하던 영국 시민들은, 처칠의 명연설들 덕에 감투정신을 되살릴 수 있었다. 하지만 처칠이 사람들 앞에서 말을 심하게 더듬는 장애를 극복해야 했다는 사실을 아는가?

헬렌 켈러(1880~1968)는 장님이며 귀머거리였다. 그러나 그녀는 자신에게 주어진 장애를 하나님께서 주신 선물이라고 말했다. 그런 그녀의 곁에는 헌신적인 스승 앤 멘스필드 설리번(1886~1936)이 있었다.

조국인 독일을 너머 당대 유럽 전체가 음악의 성인이라 대접한 작곡가 루트비히 판 베토벤(1770~1827)은 완전한 귀머거리가 된 뒤 친구인 베겔러에게 이런 내용의 편지를 보냈다.

"내가 얼마나 내 존재 자체를 저주했는지 모르네! 하지만 지금 난 이 처절한 운명과 싸워보고 싶네."

작곡가에게 소리가 들리지 않는다는 것은 그 어떤 시련보다 버거운 것이다. 그러나 베토벤은 이런 가혹한 시련을 극복하고 위대한 심포니들을 작곡했다.

긍정적 사고의 창시자이자 '만인의 성직자'로 칭송 받는 노먼 빈센트 필(1898~1993)은 젊어서 수줍음이 많고 말을 잘 못하는 사람이었다. 그래서 학교에서 이야기하는 게 두려웠다. 대학을 다니기 시작했을 때 필의 마음은 열등감으로 가득했다. 그러나 그는 이 단점을 잘 다루는 데 성공했기 때문에 미국에서 가장 훌륭한 전도사가 되었다.

19세기 초반의 미국에 어떤 젊은 남자가 있었다. 그는 자신의 건강을 지나치게 걱정했다. 그로 인해 한동안 우울증을 앓기도 했다. 그래서 그의 삶은 뒤죽박죽이 되고 말았다. 되는 일마저 없어서 자살을 시도하기까지 했다. 그때 그가 남기려 했던 유언의 내용은 이러했다.

"나는 누구보다 비참하다. 내 삶이 나아지리라 기대할 수도 없다."

하지만 그 남자는 자살을 포기하고 자신의 마음과 정면으로 부딪히

기로 했다. 마침내 그는 자신을 감쌌던 불운을 정복하면서 미국 역사
상 가장 강인한 정신력의 소유자가 되었다. 그가 바로 미국 제16대 대
통령 에이브러햄 링컨(1809~1865)이다.

우리가 우리 자신이 가진 약점에 사로잡히기보다는, 그 약점을 극복
하는 방법을 배우고자 한다면 어떨까? 우리는 약점 안에서 새로운 강
점을 발견하고, 이를 성장의 기회로 삼을 수 있을 것이다.

남아프리카의 어느 시골 마을, 가난한 농부의 농장을 메뚜기 떼가
습격했다. 농부는 이 소식을 전해 듣고 농장으로 달려가 메뚜기 떼를
쫓아내려 했지만 아무 소용이 없었다. 메뚜기 떼는 농작물을 모두 갉
아 먹은 뒤 모두 그 자리에서 죽어버렸다. 황무지가 된 밭에는 메뚜기
시체만 가득했다. 그러나 농부는 실망하는 대신 밭두둑에 쭈그리고
앉은 채 머리를 굴렸다. 곧 자리를 박차고 일어난 그는 쟁기를 가져와
메뚜기 떼가 수북이 쌓인 밭을 재빨리 갈아 엎었다. 메뚜기 시체를 거
름으로 쓴 덕에 농부는 더 풍성한 결실을 맺을 수 있었다.

자신의 단점이나 한계를 극복하기보다 외면하는 것은 자신감 상실의
지름길이다. 우리는 이 농부가 그랬던 것처럼 단점과 장애를 장점으로
승화시켜 더욱 강하고 성숙한 자신을 만들어야 한다.

단점과 장점의 경계선은 불분명하다. 단점과 장점은 관점의 차이에
불과한 것이기 때문이다. 앞에 나서기를 좋아하는 사람이 있다고 하

자. 단점을 주로 보는 사람은 "저 친군 너무 나대는군"이라며 비난할 것이다. 장점을 주로 보는 사람은 "저 친군 참 적극적이야"라고 칭찬할 것이다. 물론 자신의 단점뿐만 아니라 다른 사람의 단점도 장점의 시각으로 바라보는 태도가 필요하다. 그러니까 이런 식이다.

» "박 주임은 일의 속도가 너무 느려" 대신

» "박 주임은 참 꼼꼼하게 일을 처리해"라고 칭찬하자.

» "김 대리는 남의 눈치를 너무 봐" 대신

» "김 대리는 다른 사람들의 의견을 잘 수렴해"라고 칭찬하자.

» "이 과장은 너무 약았어" 대신

» "이 과장은 참 영리해"라고 칭찬하자.

» "조 대리는 말이 너무 많아" 대신

» "조 대리는 말을 참 잘해"라고 칭찬하자.

우리가 정한 단점이나 한계에 대해 실망할 필요가 없다. 우리가 가진 관점을 바꾸거나 바꿀 수 없다면 차라리 정면으로 돌파하자. 그 한계와 단점은 나 자신이 내 운명이라는 드라마의 주인공이 되게 하는 징검다리가 될 수 있다.

물론 사람들이 혹 당신의 장점과 단점을 물어보면 아마 단점을 더 많이 발견할 것이다. 이것은 우리가 살아가면서 장점보다는 단점의 영향을 더 많이 받기 때문이다. 종종 사람들은 자신의 단점에 갇힌 채 자신감을 잃고 실패로 점철된 삶을 살아가기도 한다. 그러나 성공한 사람들 중 대부분은 단점보다는 장점에 눈을 돌린 사람들임을 알아야 한다.

장점에 집중하면서 살아가려면 먼저 일상 속에서 우리의 단점을 무시하고, 우리가 가진 장점이나 자연스러운 능력을 더 존중하는 자세를 취해야 한다. 먼저 코치 자신이 자신의 장점을 많이 발견하고, 이를 바탕으로 긍정적인 삶을 살아가야 한다. 그래야만 자신의 삶을 가치 있게 만들 수 있기 때문이다. 아울러 이렇게 할 때 클라이언트의 장점은 더욱 강화하고, 단점은 장점으로 승화할 수 있는 지렛대 역할도 수행할 수 있다.

6. 긍정적 정서 활용하기

많은 사람이 '행복'을 가장 가치 있는 목표로 꼽는다. 기실 우리가 일을 하고, 공부를 하고, 봉사 활동을 하고, 여행을 떠나는 이유도 궁극적으로는 행복하게 살아보기 위해서가 아닌가. 그럼 행복이란 무엇일까? 행복은 긍정적인 정서와 연결되는 것으로, 어떤 것의 결과로 생긴 좋은 기분을 말한다.

클라이언트의 긍정적 정서는 창의성과 세상에 대한 호기심과 관심을 증가시키고, 건강을 증진시키며, 대인 관계를 개선시키고, 낙관주의를 유도한다. 코칭에서 클라이언트의 긍정적 정서를 높일 수 있다면, 코치는 클라이언트를 최고의 상태로 만들 수 있는 토대를 만들었다고 할 수 있다. 물론 코치의 긍정적 정서도 매우 중요하다.

행복에 대한 연구를 주도한 과학자인 바버라 프레드릭슨 박사는, 긍정적 정서는 더 많은 자기 수용으로 이어진다고 했다. 즉, 긍정적 정서를 가지고 있는 사람은 그 덕에 다른 이에게서 더 많은 사회적 지지를 얻고, 인생에 더 많은 의미가 있다고 여긴다. 덤으로 병에 걸려 고생하는 일도 적다. 물론 부정적 정서의 순기능도 간과할 수 없다. 부정적 정서는 스트레스나 위험 상황에서 우리의 사고와 행동을 제한함으로써 우리가 단호한 행동을 할 수 있도록 도와준다.

하지만 행복이라는 가치를 증대시키는 것은 역시 긍정적 정서의 역할이다. 영구적 행복 증진의 가능성을 연구한 심리학 교수이자 《행복의 신화》의 저자인 소냐 류보머스키 박사 팀이 수행한 대규모 메타 분석에 의하면, 긍정적 정서는 대처 능력을 뛰어나리만큼 향상시킨다고 한다. 아울러 다른 이들이 더 많이 신뢰하도록 만들며, 정서의 '연쇄적 상승'도 촉발한다고 했다. 이 외에도 상당히 많은 이점을 소개했는 바, 아래에 열거한 것들을 보듯이 그 가짓수가 가히 경이적이다. 이 책을 읽는 독자들도 자신이 관심을 갖고 있는 이점인지 체크해보라.

긍정적 정서의 이점(류보머스키와 킹 및 디너의 2005년도 연구)

» 이직율이 감소한다.

» 고객 서비스에 대한 평가가 좋아진다.

» 관리자의 평가가 좋아진다.

» 정서적 피로도가 감소한다.

» 직무 만족도가 높아진다.

» 조직적 시민 행동(Organizational Citizenship Behavior, 자기가 소속된 조직의 전반적인 발전을 위해 자발적으로 수행하는 구성원 개개인의

직무 외 지원 행동)이 향상된다.

» 결근일수가 감소한다.

» 응급실과 병원을 찾는 횟수가 감소한다.

» 사교 모임에 더 자주 참여한다.

» 자원봉사를 더 많이 한다.

» 더욱 다정하고, 더욱 확신에 차 있으며, 더욱 자신만만하다는 인
   상을 준다.

» 연봉이 오른다.

» 더 오래 산다.

» 치명적인 교통사고 발생률이 감소한다.

» 알코올 남용 또는 그 밖의 약물을 남용하는 경우가 감소한다.

» 질병 또는 부상에서 빨리 회복된다.

» 임금을 올려줄 가치가 있다는 평가를 받을 가능성이 더 많다.

» 창의적이라는 평을 들을 가능성이 더 많다.

» 협력을 통해 갈등을 해결할 가능성이 더 많다.

» 의욕이 증가한다.

» 의사 결정 효율성이 높아진다.

» 창의적 사고가 증가한다.

» 다른 이에 대해 더욱 포괄적으로 사고한다.

긍정적 정서에 대해서는 그동안 많은 연구가 이루어졌다. 또한 위에

나온 것처럼 긍정적 정서의 이점들을 우리는 알고 있다. 그러니 코치는 긍정적 정서를 높이는 방법을 확실히 기억해두고, 이를 활용하여 클라이언트가 인생에서 또는 직장에서 원하는 결과를 얻을 수 있도록 도와주어야 한다. 그렇다면 클라이언트의 긍정적 정서를 어떻게 높여줄 수 있을까?

우리는 주변 사람들을 즐겁게 해줄 간단한 방법들이 있음을 알고 있다. 미소를 짓거나 유머를 발휘하는 게 그것이다. 미소와 유머는 긍정적 정서를 조성하는 데 매우 유용하다. 하지만 이런 것들만으로 사람들을 즐겁게 하기는 무리라는 생각도 든다. 클라이언트에게 "동료들에게 유머 감각을 자주 드러내세요"라고 충고하기보다 더 그럴듯한 것을 제시하지 못하면 별로 도움이 되는 코치라 할 수 없을 것이다.

긍정적 정서를 조성하기 위한 유용한 방법은 다음과 같다.

첫째, '감사하기'를 연습한다. 먼저 자기 자신이 잘한 일에 대해 자기 자신에게 감사를 표현하는 연습을 한다. 자기 자신에게 감사하는 마음을 가져야 자기를 존중할 수 있고, 이로써 다른 이에게 진심으로 감사하는 마음을 전할 수 있기 때문이다.

다른 이에 대한 감사의 일환으로 카카오톡 같은 메신저를 활용하여 상대가 잘한 점을 칭찬하고 지지함으로써 감사의 메시지를 전한다. 예를 들면 "품질 보고서에 대한 감수를 꼼꼼하게 해주신 덕에 프레젠테이션이 잘 마무리 되었습니다"라든가, "훌륭한 고객님을 소개해주셔서

계약을 성사시킬 수 있었습니다. 감사함을 어떻게 표현해야 할지 모르겠습니다"라고 말한다.

자기 자신에 대한 감사의 일환으로 노트에 매일매일 자신에게 감사할 만한 일이나 경험 등을 기록한다. 예를 들면 "지난 10개월간 수행한 프로젝트가 잘 마무리되어 감사한다"라든가, "금년도 업무 목표를 100퍼센트 달성한 것에 감사한다"라고 적는다.

감사는 습관화되어야 한다. 자기만의 감사하기 노하우를 개발하고, 그럼으로써 주변 사람들과 자기 자신에게 끊임없이 감사를 표현하라. 책상 위에 감사 카드를 놓아두든지, 따로 시간을 내어 동료에게 고맙다고 이야기하든지, 아이들을 건강하게 키워주는 아내에게 키스를 해준다든지 하라. 그런 식으로 감사의 마음을 구체적으로 표현하는 자기만의 노하우를 개발하여 적용하는 것이 중요하다.

둘째, '자신의 비전 그려보기'를 연습한다. 그러니까 자신의 미래 모습을 상상해보는 것이다. 자신이 원하는 거의 모든 것을 성취한 모습을 그려본다거나, 훌륭한 결정을 내리는 자신을 떠올려보는 것이다. 자신의 비전을 그려보다보면 의욕이 고취되고, 열정과 잠재력이 깨어난다. 즉, '자신의 비전 그려보기'는 내면에 숨겨진 핵심 가치를 체크하고, 자신의 성장을 위한 어젠다를 제시하는 연습인 것이다.

미래의 나 자신의 모습을 자주 상상하라. 몇 달 후의 모습도 좋고, 몇 년 후의 모습도 좋다. 잠시 시간을 갖고 미래의 나는 어떤 모습이며, 어떻게 살고 있을지 상상해보라. 자신의 배우자와 아이들을 상상하고, 자신이 하고 있을 일을 상상하며, 건강 관리라든가 사람들과의 관계는 어떻게 형성하거나 어울리고 있을지 상상하라. 자신이 갖춘 역량이나 성장을 위한 여러 기회를 상상하라. 자신이 일이나 삶에서 어떤 결정을 내리고, 또한 어떤 목표를 달성했는지도 한번 상상해보라.

1. 미래의 나의 얼굴 모습을 그려보라.

2. 미래에 내가 살고 있을 곳을 묘사해보라.

3. 미래의 가족들, 사람들과의 관계 등을 그려보라.

4. 미래에 성취하고 싶은 중요한 것들을 묘사해보라.

____

____

____

5. 자신이 원하는 것을 성취했을 때의 모습을 그려보라.

____

____

____

   이 밖에도 미래에 일어날 수 있는 많은 것을 코치 자신은 물론, 클라이언트들에게도 그려보게 하라. 그래야만 자신이 원하는 행복에 한 걸음 더 다가갈 수 있는 찬스를 얻을 수 있을 것이다.

   그렇다. 긍정적으로 상상한 것만큼 삶의 목표도 달성할 수 있다. 이것이 '긍정적 정서 활용하기'의 진실이다.

7. 동기 부여하기

기업의 리더들은 마치 영화 《인디아나 존스》의 주인공인 존스 박사가 예수의 성배(聖杯)를 찾듯이 동기 부여의 비밀을 찾고 있다. 동기 부여의 비밀을 알면 피고용인들에게 리더가 원하는 일을 시킬 수 있기 때문이다. 그리고 한때는 '당근과 채찍'이 바로 그 성배가 아닌가 싶던 때도 있었다.

세계사를 배웠으니 잘 알겠지만, 노예 제도가 있던 시대에는 오직 채찍만 있었다. 시대가 변하면서 노예(피고용인)들에게 당근(보상)을 주면 일을 더 잘할 것이라는 기대가 생겼다. 좋은 식사나 용돈을 제공하는가 하면, 일을 잘 하는 남자 노예를 여자 노예와 짝지워주고 그 둘에게 살림살이도 주었다. 그러나 시간이 지나자 피고용인들은 '당근보다 더 맛있는 것'을 찾기 시작했다. 그리고 고용주들은 장롱에 넣어두었던 채찍을 다시 사용하기도 했다. 성과는 다시 높아졌지만, 이 방법도 오래가지는 못했다.

기실 당근과 채찍의 비유는 '당나귀에 대한 동기 부여'에서 유래했다. 당나귀는 고집이 센 동물이라 웬만한 자극에는 반응하지 않는다. 당나귀는 무거운 짐을 멀리까지 나를 수 있는 능력이 있으나, 외부로부터의 강한 자극이 있어야만 이를 발휘한다. 즉, 강한 채찍과 맛있는 당근이 눈앞에 있어야만 자신의 능력을 발휘하는 것이다. 물론 리더가 클라이언트나 부하직원을 당나귀처럼 대한다면, 그들도 진짜 당나귀처럼 사고하고 행동할 것이다. 그러니 우리는 동기 부여를 완전히 새로운 시각에서 바라봐야 한다.

최근 연구에 따르면 많은 직장인이 '직업적 안정'을 원한다고 한다. 이러한 내적인 동기 부여 요소가 없을 때는 외적인 동기 부여 요소인 돈이 더 큰 중요성을 띄기도 한다. 물론 직업적으로 안정되지 못한 직장인들은 돈을 벌기 위해 전력을 다할 것이다. 그러므로 고용주는 급여를 활용하여 이런 피고용인들을 통제하고 관리하기 마련이다.

이러한 '동기 부여'에 대해 이야기할 때 늘 등장하는 학자가 미국의 인본주의 심리학자인 에이브러햄 매슬로(1908~1970)다. 존 휘트모어가 쓴 《코칭 리더십》에는 '매슬로의 욕구 단계설'이 소개되어 있는데, 이를 인용하여 매슬로의 이론을 설명해보겠다.

매슬로는 1950년대에 병리학적 접근을 통해 인간의 본성으로 파고드는 기존의 연구 관행을 깼다. '매슬로의 욕구 단계설'은 그렇게 탄생했다. 즉, 인간이 품고 있는 가장 기본적인 욕구는 음식과 물에 대한 욕구이며, 사람들은 그 욕구가 충족될 때까지는 다른 어떠한 것에도 반응하지 않을 것이라고 매슬로는 주장했다. 한국 전쟁 당시 지리산 일대에서 빨치산으로 활동했으며 국회의원을 역임한 이태(1922~1997)는, 국군 토벌대에 쫓겨 불안정한 생활을 하며 굶주림에 시달리던 빨치산들은 성적 욕망조차 사라졌었다고 저서 《남부군》에서 증언했다.

일단 음식과 물에 대한 욕구가 충족되면 의복과 안정에 관심을 기울인다. 이 욕구가 충족되면 사회적 욕구에 눈을 돌린다. 이는 부분적으로는 결혼을 하고 자식을 낳는 등 가족을 가짐으로써 충족되며, 나중에는 포럼이나 단체 등에 가입함으로써 충족된다.

그 다음 단계는 자기 과시, 권력, 승진을 통해 다른 사람들로부터 '소중한 사람'으로 인정받고자 하는 외적 욕구다. 이 단계에서는 다른 사람이 나를 어떻게 볼까 의식하면서 행동하게 된다. 그런데 이는 나중에 자기 존중 욕구로 발전한다. 이 단계에 이른 사람들은 자기 자신에게 더 높은 기준을 요구하고, 다른 사람들이 아니라 '나 자신이' 정한 기준에 따라 행동한다. 공자가 자신이 마흔 살이 되었을 때 이르렀다고 말한 불혹(不惑)도 바로 이런 단계의 일종일 것이다.

매슬로가 말한 '가장 최고의 욕구'는 개인의 내적·외적 욕구가 모두 충족됨으로써 더 이상 자신이나 다른 사람들에게 자신이 누구인가를 굳이 증명할 필요가 없는 단계인 '자아 실현'이다. 이 단계에 도달한 사람은 삶의 진정한 의미와 목적을 찾으려는 강한 욕구를 가지고 있다. 그래서 자신의 일과 활동과 존재감으로 다른 사람들에게 기여하기를 원한다. 말 그대로 성자나 도인의 경지인 것이다.

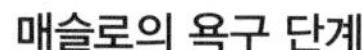

매슬로의 욕구 단계

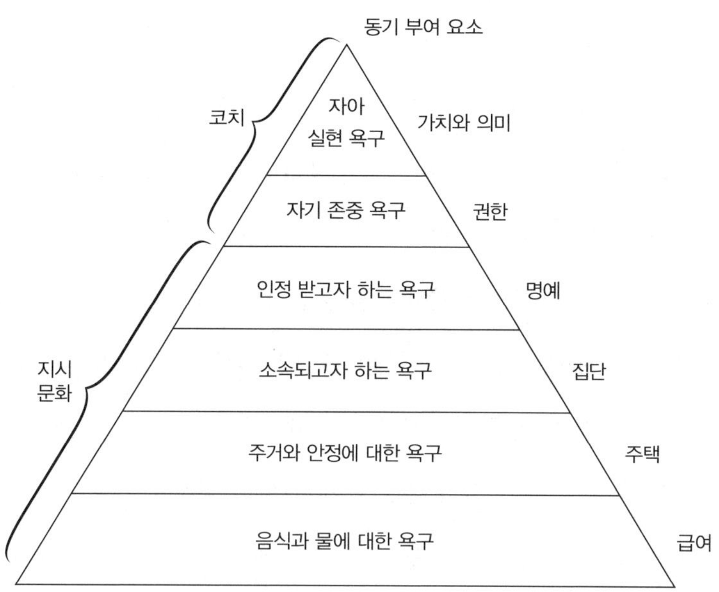

그럼 매슬로의 욕구 단계설은 동기 부여와 어떤 관련이 있을까?

바로 위 설명을 통해 깨달았겠지만, 사람들은 자신이 원하는 욕구를 충족시켰을 때 적극적으로 행동한다. 그러나 대부분의 사람들은 이 프로세스를 부분적으로밖에 인지하지 못할 것이다. 왜냐하면 사회 생활이나 직장 생활을 하면서 자연스럽게 낮은 단계의 욕구 충족에서 높은 단계의 욕구 충족으로 발전하기 때문이다.

다변화된 현대 사회에서는 낮은 단계에서 높은 단계로의 욕구 충족으로 자연스럽게 발전하지 않는다. 경기 침체나 불안정한 직장, 집값

하락 등은 많은 사람을 기본 욕구 단계로 떨어뜨리기도 한다. 이렇다 보니 관리해야 할 욕구의 범위가 넓어졌다. 기업들은 더 이상 정년 보장이라든가 승진 등 사람들로부터 인정받을 수 있는 수단들을 쉽게 제공하지 않는다.

그러면 기업들은 피고용인, 즉 클라이언트들에게 어떻게 동기를 부여하고 욕구를 충족시켜주어야 할까? 클라이언트들의 다양해진 욕구를 충족시키려면 리더나 코치는 가능한 한 그들 하나하나의 욕구를 살펴보고, 이를 맞춤식으로 충족시켜야 한다. 특히 각 기업은 젊고 유능한 직원들이 매슬로의 욕구 단계에서 어느 위치에 있는지 체크함으로써 그들이 어떤 단계에 있는지 확인할 수 있다. 그리고 직장인인 클라이언트들 중 대부분은 자기 존중 단계 이상의 경지에 있다.

그런데 기업들 중 대부분은 단기적 성과 위주의 관리 방식과, 주주들의 지나친 배당 요구 등에 방해를 받아 젊은 직원들의 기대에 부응해주는 관리를 못하고 있다. 젊은 직원들은 이제 더 이상 단순히 살기 위한 직장 생활을 하지 않는다. 그들은 자신들의 욕구가 충족되지 않으면 머지 않아 새로운 직장을 찾아 떠날 것이다. 그들은 코칭처럼 자신감을 불러일으키는 동기 부여 스타일을 원한다.

자신감은 욕구를 충족시키려는 생리적이고 심리적인 충동을 촉진하는 자극제가 된다. 모든 명령, 지시, 통제, 비판, 탑다운(top-down) 등은 클라이언트들의 자신감을 약화시킨다. 반면 코칭, 신뢰, 존중, 칭찬, 의사 결정의 자유 등은 클라이언트들의 자신감을 강화시킨다.

오늘날 조직의 구성원들이 진정으로 원하는 것은 단순한 물질적 보상이 아니라 심리적 보상이나 존중임을 깨달아야 한다. 그래야만 그들을 움직일 수 있다.

8. 행동 유형별 코칭 방법

흔히 상대방을 대할 때 "저 사람은 이런 타입이고, 이 사람은 저런 타입이야" 하고 결론을 내리거나, 타입에 따라 커뮤니케이션을 하는 경우가 많다. 대표적인 예가 한때 젊은 사람들 사이에서 화제가 된 혈액형별 혹은 별자리별 성격 같은 것이다. 이렇게 사람을 몇 가지 유형으로 나누어 코칭을 하면 코치 입장에서도 편리할 것이다.

그러나 이는 사람들을 어떤 정해진 틀에다 몰아넣는 위험천만한 행위다. 따라서 클라이언트의 행동 유형이나 성향을 몇 가지 타입으로 나누어 코칭을 한다면, 심도 깊은 지식과 많은 경험을 갖추어야 한다. 특히 심리학에 기반을 둔 행동 유형이나 성격 유형별 코칭 때에는 처음부터 클라이언트가 어떤 타입이라고 미리 자의적으로 결정하면 안 된다.

'자성예언(自成豫言)'이라는 교육 용어가 있다. 예를 들어 상대가 부정적 성향의 사람이라고 마음속으로 미리 결정해버렸다치자. 그러면 상대가 자기의 느낌을 솔직하게 얘기했을 뿐인데도 "어라, 이 친구 봐

라. 참 건방지네!"라는 식으로 해석해버릴 수 있다. 이러한 오류를 최소화하려면 일정 기간 동안 클라이언트의 행동을 파악하고 관찰해야 한다. 그런 뒤 전문 분석용 도구를 활용하여 진단하거나, 아래에서 소개할 진단 가이드에 따라 성향을 분석한 뒤, 그 결과를 신중하게 활용해야 한다. 진단 가이드를 활용한 유형별 분석 절차는 다음과 같다.

가. 본인이나 다른 이의 실제 행동을 관찰하고 파악한다.
– 제스처(손짓, 자세, 몸짓, 표정 등), 음성(속도, 억양), 어휘 등

나. 분석 대상이 평상시에 직설적이고 외향적인 말이나 행동을 하는지, 아니면 간접적이고 내향적인 말이나 행동을 하는지 파악한다.

다. 직설적이고 외향적인 말이나 행동을 하면서 경쟁적이고 도전적인지, 아니면 말이 많고 사교적인지 파악한다.
– 경쟁적이고 도전적이면 '주도형'
– 어휘가 풍부하고 사교적이면 '사교형'

라. 간접적이고 내향적인 말이나 행동을 보이면서 수동적이고 안정적인지, 아니면 평가적이고 꼼꼼한지 파악한다.
– 수용적이고 변화를 두려워하면 '안정형'
– 평가적이고 꼼꼼하면 '신중형'

행동 유형 진단 가이드

본인 또는 타인의 실제 행동을 관찰하고 분석함
• 제스처(손짓, 자세, 표정 등)
• 음성(속도, 억양)
• 어휘 등
직설정 외향적
• 빠른 속도
• 많이 말함
• 크게 말함
• 억양의 고저
직설정 외향적
• 느린 속도
• 많이 질문
• 작게 말함
• 단조로움
경쟁적이고 직설적 [주도형]
폐쇄적, 무표정, 공식적, 결과 지향, 일 지향, 큰 목소리, 도전, 변화, 자기중심
말이 많고 사교적 [사교형]
개방적, 활기참, 따뜻함, 감정적, 사람 지향, 허물 없음, 인정, 친절함
수동적이고 실천적 [안정형]
개방적, 편안함, 따뜻함, 비공식적, 협동, 검증된, 친근함, 경청하는 자세
세부적이고 평가적 [신중형]
폐쇄적, 무표정, 감정 표현 미흡, 격식, 공식적, 기준, 일 중심, 신중함

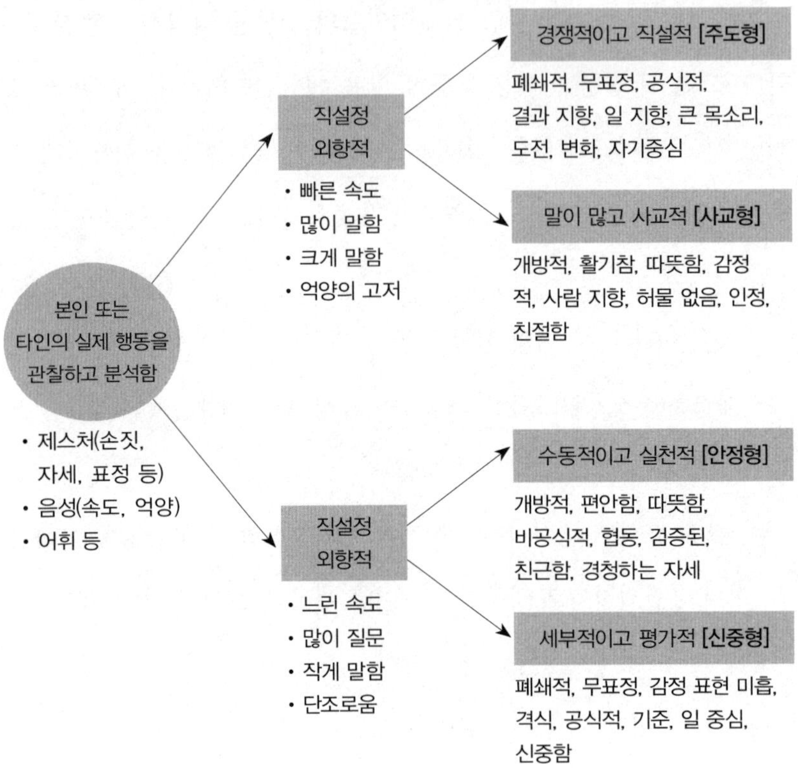

행동 유형별 특징

속도가 빠름

주도형	사교형
1. 자신감이 높음. 2. 목표지향적이며 결과지향적임. 3. 도전에 의해 동기 부여가 이루어짐. 4. 지위나 통제권을 상실하는 것을 두려워 함. 5. 스트레스를 받을 때 다른 사람의 견해나 감정을 무시함.	1. 낙관적(낙천적)임. 2. 사람 지향적임. 3. 사회적 인정에 의해 동기 부여가 이루어짐. 4. 사람들로부터 왕따 당하는 것을 두려워 함. 5. 스트레스 상황에서 비체계적인 경향이 있음.
신중형	안정형
1. 세부적인 사항에 주의를 기울이고 분석적임. 2. 과업 지향적임. 3. 기준, 매뉴얼, 정확성 등에 의해 동기 부여가 이루어짐. 4. 타인의 비판을 두려워 함. 5. 스트레스를 받을 때 다른 사람에게 비판적일 수 있음.	1. 정해진 방식으로 수행함. 2. 팀 지향적임. 3. 현재의 상태를 유지하는 것에 의해 동기 부여가 이루어짐. 4. 안정성 상실이나 변화를 두려워함. 5. 스트레스를 받을 때 지나치게 양보하는 경향이 있음.

왼쪽: 업무 지향 / 오른쪽: 사람 지향

속도가 느림

코치로서의 특성 및 코칭 역량 증진 방안

주도형	사교형

• 목표 지향적 코칭에 탁월함.
• 빠른 결과를 도출할 수 있음.
• 클라이언트를 지배할 가능성이 있음.
• 인간적–정서적 측면을 간과할 수 있음.
  –클라이언트의 속도에 맞추려는 노력이 필요함.
  –결과 못지 않게 과정도 중요하다는 것을 인식해야 함.
	• 클라이언트를 지지하고 인정하는 스킬이 탁월함.
	• 많은 아이디어를 제공할 수 있음.
	• 코치가 지나치게 많은 말을 할 수 있음.
	• 지나친 낙관주의로 클라이언트가 현실을 직시하는 데 어려움을 겪을 수 있음.
	  – 코칭의 목표를 분명히 해야 함.
	  – 성과를 점검하는 일에 중점을 둠.

신중형	**안정형**

• 매사에 철저하고, 상황 분석 능력이 높음.
• 공정하고 객관적이며 편견 없는 태도로 코칭을 진행함.
• 너무 세부적인 계획을 수립하여 일정이 지연되게 할 수 있음.
• 사실 중심적 분석이 지나칠 경우 클라이언트의 공감을 받지 못할 수 있음.
  – 클라이언트에 대한 칭찬/인정을 강화할 것.
  – 클라이언트의 기준을 존중할 것.
	• 경청 및 공감 능력이 탁월함.
	• 진실한 태도로 클라이언트에게 신뢰감을 줌.
	• 의사 결정이 필요한 장면에서 단호함이 결여될 수 있음.
	  – 코칭에는 때때로 변화가 필요하다는 을 기억할 것.
	  – 코치로서 할 수 있는 일과 없는 일을 명확히 할 것.

유형별 코칭 자세

주도형	• 다른 사람의 업무 처리에 쓸데없는 간섭을 하지 않음. • 항상 지휘권을 휘두르겠다는 생각을 버리고 집단 활동에 참여함. • 타인에게 명령–지시하고 싶어하는 성향을 수정함. • 다른 사람들의 정보와 자원을 지원 받음. • 그럴 만한 자격이 있는 사람에게 신뢰감을 보냄. • 훌륭한 말이나 행동을 칭찬함. • 실수도 용인할 수 있다는 당신의 뜻을 클라이언트에게 알려줌. • 타인들에게 위임할 때는 책임과 함께 권한도 위임함.

사교형	• 필요시 주요 세부 사항에도 관심을 가짐. • 일관적인 업무 진행을 위해 노력함. • 사교 활동이 일과 연계되고 있는지 점검해봄. • 무엇이든 기록하고 목록 중심으로 정리해서 무엇이 언제 시작되는지 알아둠. • 활동에 대한 우선순위를 정해 중요도에 따라 업무를 수행함. • 일을 처리함에 있어 보다 더 조직적이고 질서 있도록 노력함. • 하기 싫은 일 일수록 그날 안으로 빨리 끝냄. • 활동의 시간 관리적 측면에서 더욱 주의를 집중함. • 이미 알고 있는 과업과 목표의 추진 과정을 올바르게 밟고 있는지 확인함.
안정형	• 편안한 수준을 넘어 조금 더 많은 업무를 맡으려고 노력함. • 변화에 적극적으로 대응해야 성장할 수 있다는 것을 인식함. • 자신의 사고와 감정을 말로 표현하는 횟수를 증가시킴. • 프로젝트에 보다 더 빨리 참여하여 자신의 업무 성취에 방해가 되지 않게 함. • 다른 사람의 도움을 받지 않고 독립적으로 업무를 수행하는 빈도를 늘림. • 기존 관행의 변화나 전체 과정에 보다 더 빨리 적응하려고 함. • 단호함의 중요성을 인식함.
신중형	• 상대방의 실수를 용인하는 태도를 갖도록 노력함. • 핵심적인 사항들만 점검해서 과정의 흐름이 지속될 수 있도록 함. • 자기중심적 감정을 완화하고 보다 더 편안한 교류에 임하도록 함. • 완벽하지 않아도 높은 기준을 이룰 수 있다는 사실을 받아들임. • 나와 불일치를 보이는 사람들과도 협상의 여지가 있음을 알림. • 과도한 준비 목록을 줄임. • 사람들과의 관계 형성에 좀 더 많은 시간을 투자함.

일단 코치·클라이언트의 유형별 행동 특징을 분석할 때 유념할 것이 있다. 이렇듯 유형별로 정리한 특징들이 일반적인 상황에서 발생 빈도가 높다는 것이지, 특수한 상황에서도 반드시 이러한 특징이 높다거나 자주 나타난다고는 볼 수 없다는 것이다.

그러면 다음에는 클라이언트의 유형별 코칭 방법을 알아보자.

주도형의 클라이언트에게 효과적인

신뢰 형성 방법

- 큰 그림부터 이야기한 다음 세부 사항을 말함.
- 클라이언트에게 명령하거나 지시하는 태도를 보이지 않음.
- 클라이언트에게 답을 주지 않도록 하고, 클라이언트 스스로 방안을 도출하고 실행하도록 맡김.

질문법

- 핵심만 간결하게 질문함.
- 클라이언트의 질문에 간결하게 답변함.

긍정적 피드백 방법

- 외적인 결과물을 중심으로 함.
- 목표가 달성된 순간에 함.

발전적 피드백 방법

- 단도직입적으로 함.
- 변화한다면 얼마나 성과를 올릴 수 있는지 언급함.

사교형의 클라이언트에게 효과적인

신뢰 형성 방법

- 사적인 이야기도 충분히 들어줌.
- 코칭의 결과에 대한 꿈을 제시함.
- 클라이언트의 성공담을 말하게 하고, 이에 동의함.

질문법

- 코칭 이슈 이외의 주제에 대해서도 폭넓게 질문함.
- 생각나는 대로 아이디어를 말해보도록 요청함.

긍정적 피드백 방법

- 가능한 많은 사람 앞에서 피드백 함.
- 감탄사를 적절하게 사용함.

발전적 피드백 방법

- 부정적인 영향력에 대한 언급은 최소화하고, 변화가 미칠 영향력에 초점을 둠.
- 논리적–구체적인 설명보다는 비전을 제시함.

안정형의 클라이언트에게 효과적인

신뢰 형성 방법
- 자유스러운 분위기를 조성함.
- 클라이언트의 공헌도를 충분히 인정함.
- 클라이언트를 지지하고 있음을 알게 함.

질문법
- 부드러운 표현을 사용함.
- 클라이언트가 대답할 때 특히 적극적 경청이 필요함.

긍정적 피드백 방법
- 사람에 대한 칭찬을 먼저 한 다음, 일의 결과에 대해 칭찬함.
- 행동의 결과가 다른 사람에게 미칠 영향력을 중심으로 표현함.

발전적 피드백 방법
- 클라이언트의 변화에 대해 코치가 지지하고 지원할 것이라는 사실을 명확히 표현함.
- 일과 사람은 별개라는 것을 분명히 함.

신중형의 클라이언트에게 효과적인

신뢰 형성 방법
- 세부 사항에 대해 먼저 말한 뒤 큰 그림을 말함.
- 클라이언트가 생각하거나 반응하는 데 충분한 시간을 줌.
- 비판적인 반응도 받아들임.

질문법
- 범위를 좁혀 구체적으로 질문함.
- 질문할 내용을 미리 알려줌으로써 준비할 시간을 주면 좋음.

긍정적 피드백 방법
- 구체적으로 어떤 부분이 좋았는지 명확하게 짚어줌.
- 클라이언트의 전문성에 초점을 두고 표현함.

발전적 피드백 방법
- 기대사항을 체계적이고 상세하게 알림.
- 급격한 변화를 요구하지 않음.

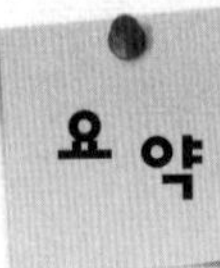

제4부

1. 효과적인 관찰을 위한 요령

가. 섣불리 판단하지 마라.

나. 아무런 증거 없이 즉각적으로 판단하는 것은 금물이다.

다. 순수하게 바라보라. 클라이언트에게 의심스러운 점이 있다면 유리한 방향으로 해석해보라. "자신의 일을 망치겠다고 작심할 사람이 어디 있겠는가?"

라. 자신이 함부로 추측하고 있음을 인지하라. 검증되지 않은 경험은 사실이 아닐 수도 있다는 점을 유념하라. 그러니 어떤 일이든 함부로 추측하지 말아야 한다.

마. 관심을 가져라. 클라이언트의 말과 행동 하나하나에 세심한 배려와 관심을 가져라.

2. 라포(rapport)를 형성하기 위한 세 가지 방법

가. 페이싱(Pacing) – 상대방의 음성, 어조, 신체 반응 등에 자신을 맞추고, 나아가 신념과 가치관까지 존중한다.

나. 미러링(Mirroring) – 말 그대로 상대방의 행동을 거울처럼 반영하는 대화 기법이다.

다. 백트랙킹(Back Tracking) – 맞장구치기다.

3. 공감적 경청 방법

가. 상대에 대한 부정적 감정을 제거하라.

나. 이야기하는 동안 시선을 집중하라.

다. 귀로만 듣지 말고 눈, 몸, 느낌으로 들어라.

라. 상대의 말에 긍정적인 반응을 하라.

마. 객관적인 사건과 사실은 물론 클라이언트의 감정도 들어라.

바. 핵심 이슈에 대해는 상대가 한 말을 요약·정리하여 체크하기식 질문을 한다.

4. 긍정적 피드백 VS. 발전적 피드백

구분	긍정적 피드백	발전적 피드백
정의	바람직하거나 기준을 충족시키는 행동에 대한 피드백	바람직하지 않거나 못 미치는 행동이나 결과에 대한 피드백
목적	강화: 바람직한 행동의 유지 및 증가	개선: 바람직하지 않은 행동의 중지 및 바람직한 행동으로의 변화
방법	칭찬 및 인정하기	발전이 필요한 부분을 구체적으로 언급

5. 긍정적 피드백 요령

가. 진심으로 인정하고 지지한다.

나. 구체적이고 간결하며 사소한 면도 자주 언급한다.

다. 결과뿐만 아니라 과정과 노력도 인정한다.

라. 바람직한 행동을 지속적으로 할 수 있도록 격려한다.

마. 큰 것은 작게 나누어 많이 칭찬한다.

6. 발전적 피드백 요령

가. 사실에 근거하여 진심으로 이야기한다.

나. 잘못된 행동이 미치는 결과에 대해서도 언급한다.

다. 내 느낌을 클라이언트의 기분이 상하지 않게 하면서 진솔하게 전달한다.

라. 듣기 곤란한 지적을 받은 클라이언트를 지지해줌으로써 그의 기분을 풀어준다.

7. 행동 유형별 특징

속도가 빠름

주도형	사교형
1. 자신감이 높음. 2. 목표 지향적이며 결과 지향적임. 3. 도전으로 동기 부여가 이루어짐. 4. 지위나 통제권을 상실하는 것을 두려워 함. 5. 스트레스를 받을 때 다른 사람의 견해나 감정을 무시함.	1. 낙관적(낙천적)임. 2. 사람 지향적임. 3. 사회적 인정으로 동기 부여가 이루어짐. 4. 사람들로부터 왕따 당하는 것을 두려워 함. 5. 스트레스 상황에서 비체계적인 경향이 있음.
신중형	**안정형**
1. 세부적인 사항에 주의를 기울이고 분석적임. 2. 과업 지향적임. 3. 기준, 매뉴얼, 정확성 등으로 동기 부여가 이루어짐. 4. 타인의 비판을 두려워 함. 5. 스트레스를 받을 때 다른 사람에게 비판적일 수 있음.	1. 정해진 방식으로 수행함. 2. 팀 지향적임. 3. 현재의 상태를 유지하는 것으로 동기 부여가 이루어짐. 4. 안정성 상실이나 변화를 두려워함. 5. 스트레스를 받을 때 지나치게 양보하는 경향이 있음.

업무 지향 (좌) / 사람 지향 (우)

속도가 느림

프로세스(Process) 코칭

프로세스(Process) 코칭

1. 프로세스 코칭

프로세스 코칭을 할 경우에는 코칭을 실시하기 전에 코칭 프로세스를 체계적으로 설계한 후 실시해야 한다. 또한 액션 플랜(Action Plan, 실행 계획)뿐만 아니라 팔로업 플랜(Follow-up Plan, 후속 계획)도 수립하여 코칭 실시 후에도 클라이언트를 지속적으로 관리해야 한다.

사내 코치가 프로세스 코칭을 실시하려면 외부 전문가로부터 코칭 기술을 배우는 것은 물론, 코칭 프로세스 설계에 대한 지원을 받는 것이 좋다. 또한 외부 전문가가 참여하는 파일럿 테스트(Pilot Test) 코칭을 실시하여 사내 코치 자신에 대한 코칭 기술이나 노하우의 문제점을 발견하고 개선해야 한다. 그럼으로써 코칭에 대한 자신감을 확보한 뒤 코칭을 실시하는 것도 좋다.

프로세스 코칭을 하려는 코치의 조건은 다음과 같다.

첫째, 코칭 전문가의 지원을 통해 프로세스 코칭에 대한 전반적인 역량을 확보한다. 코치에게 전문적인 역량이 없다면 오히려 클라이언트의 상황을 악화시킬 수 있기 때문이다.

둘째, 클라이언트가 가지고 있는 문제점이나 애로 사항을 충분히 파악한다. 클라이언트의 니즈나 애로 사항을 파악하지 않고 코칭을 하면 불필요한 코칭을 하는 경우마저 발생하기 때문이다.

셋째, 클라이언트가 자신의 문제를 스스로 해결할 수 있도록 온 힘을 다해 지원하겠다고 각오해야 한다. 그래야만 클라이언트도 자신의 문제를 해결하는 데 최선을 다할 것이기 때문이다.

넷째, 코치의 퍼스널리티(Personality, 개인적 자질)이다. 앞서 이야기했듯이 코치의 조건 중 가장 중요한 것이 "코치 스스로 실천하고 모범을 보이는 롤모델(Role Model)이 되어야 한다"는 것이다. 코치가 실천가이자 행동가로서 모범을 보이지 않으면 클라이언트는 온 마음을 바쳐가며 코치를 따르지 않을 것이다.

그러니 훌륭한 코치가 되고 싶다면 다음에 설명하는 프로세스 코칭에 대한 절차와 각 단계별 질문법, 그리고 진행 방법 등을 구체적으로 이해하고 있어야 한다.

코칭 프로세스(Coaching Process)

	CHECK (확인)	OPEN MIND (마음 열기)	ASK (질문)	COMMITMENT (약속)	HELPING (도움)
활동	• 부하에 대한 판단 － 현상 분석 － 실적 검토 － 능력 파악 － 사기 파악 － 장애 분석 － 기대 목표 설정	• 터놓고 이야기 하기 • 관계 형성 • 도움을 주고 받는 분위기 조성	• 상황 인식 • 테마 선정 • 문제 확인 • 위기 공유 • 대안 모색 • 장애물 확인 및 제거 • 숨어 있는 내적 자원에 대한 재인식(지식,Skill,개인적 특성, 경험)	• 기대 설명 • 기대와 실적의 차이 확인 • 문제 지적 • 최선의 대안 확정	• 실행 계획 수립 • 실행 지원 약속 • 실행 과정에서 지속적인 관심과 지원(피드백, 칭찬과 격려)
결과	• 문제 파악 • 목표 설정	• 협력적인 태도 형성	• 문제의 공유	• 최선의 대안 확정	• 실행 계획 • 개선된 코칭

2. CHECK

프로세스 코칭의 첫 번째 단계는 코칭을 시작하기 전에 클라이언트의 실적이나 근무 태도 등을 체크(check)하는 것이다. 즉, 효과적인 코칭을 위한 준비 단계다. 이 단계에서는 클라이언트에 대한 분석 내용을 바탕으로 코칭의 기대 목표도 설정한다.

가. 요점

» 클라이언트에 대해서 객관적으로 판단해야 한다.

» 클라이언트의 실적, 능력, 사기 등을 구분해서 보아야 한다.

» 코칭을 해준 보람이 있을 사람인지 판단한다.

나. 체크 포인트

» 실적 검토

현재 수행하고 있는 업무의 실적 및 과거의 업무 수행 실적을 파악한다. 클라이언트가 목표를 달성하지 못했다면, 그것을 코칭의 주요 이슈로 선정하여 문제를 해결하게 한다.

» 관심 사항 파악

클라이언트의 관심 사항과 현재의 수행 업무 간에 갭(Gap)이 있다면, 중장기적인 잡로테이션(Job Rotation, 직무 순환)을 고려한다.

» 능력 파악

클라이언트가 목표를 달성하지 못한 원인이 능력 부족 때문이라면, 클라이언트의 지식과 기술을 향상시키기 위한 코칭을 실시한다.

» 태도 파악

클라이언트가 목표를 달성하지 못한 원인이 소극적이고 열정 없는 태도 때문이라면 올바른 태도를 갖도록 코칭해야 한다.

» 사기 파악

클라이언트의 사기 저하 원인이 내적인 것이든 외적인 것이든 상관없다. 사기가 저하되어 있다는 것 자체가 코칭 받을 자세가 되어 있지 않다는 뜻이다. 이런 경우 클라이언트의 사기를 충분히 진작시킨 뒤 코칭을 실시해야 코칭이 성공할 수 있다.

» 니즈 파악

클라이언트의 니즈를 명확히 파악해야 코칭의 방향을 명확히 설정할 수 있다.

» 장애 분석

업무상 발생하는 장애 요인뿐만 아니라 클라이언트의 개인적인 애로 사항도 파악해야 한다. 클라이언트의 애로 사항을 코치가 안다면 코칭 중에 발생하는 장애물도 손쉽게 극복할 수 있다.

» 기대 목표 설정

코칭에 대한 기대 목표는 클라이언트 스스로 분석 내용을 참고하여 설정하게 한다. 만약 클라이언트 자신의 능력이 부족한 것이 실적 부진의 원인이었다면, 관련 지식과 기술을 향상시키도록 하는 것을 목표로 해야 한다.

수행 중인 업무에 관한 문제가 사기 저하 때문에 발생했다면, 클라이언트의 사기를 진작시키기 위한 동기 부여를 촉진해야 한다. 목표는 다음의 SMART 원칙에 의거하여 작성한다.

다. SMART 원칙

» Specific(구체적으로)

구체적으로 목표를 설정하면 클라이언트에게 명확한 방향성을 제시할 수 있고, 코치 자신도 코칭 달성 여부를 측정할 수 있다.

» Measurable(측정 가능한)

코칭 프로세스의 전 과정을 모니터링 할 수 있게 해주는 기준이 되며, 자신의 목표 달성 수준을 평가해볼 수 있게 한다.

» Attainable(달성 가능한)

목표의 달성 가능 여부를 파악하는 기준으로서, 달성 과정 중 불가피하거나 문제가 되는 경우를 파악한다. 현실적이며 달성 가능한 목표를 수립함으로써 클라이언트의 도전 의식을 고취시킨다.

» Result-Oriented(결과지향적인)

결과물(output)이 무엇인지 명확하게 알 수 있도록 해준다. 결과물의 이미지를 그려봄으로써 코칭에 대한 성공을 확신할 수 있다.

» Time-Based(적시성을 갖추는)

클라이언트가 목표를 수립할 때 기준이 되며, 업무의 우선순위도 결정할 수 있다.

라. CHECK 사례

사업부장: 김 과장! 할 얘기가 있는데, 시간 좀 내주겠나?

김 과장: 예, 상무님. 내일까지 품질 혁신 기획안을 작성해야 하니까,
수요일 오후 2시쯤이 괜찮겠습니다. 그런데 무슨 일이신지?

사업부장: 신임 과장을 대상으로 하는 코칭 프로젝트 알지?

김 과장: 예, 압니다.

사업부장: 그 코칭 프로젝트 킥오프(Kick-off)를 하려고 해. 그럼 수요일
오후 2시에 (A) 코칭룸에서 보자고. 자세한 얘기는 그때 하지.

김 과장: 알겠습니다. 상무님!

(수요일 오후 2시 코칭룸)

김 과장: (노크한다.)

사업부장: 들어와요. 어, 김 과장! 오늘이 생일이라지? 축하하네.

김 과장: 예, 상무님. 감사합니다.

사업부장: 코칭 프로젝트에 관해서는 연수팀에서 이미 설명을 들은 걸로
아네. 오늘은 코칭 프로세스 1단계인 '체크' 스텝('Check' Step)
을 진행할 걸세.

김 과장: 예, 그래서 사전에 필요한 자료도 가져왔습니다.

기획부장: 김 과장이 커넥팅로드 품질 혁신 업무를 담당하고 있지? 지난
3개월간 커넥팅로드에 대한 고객 클레임이 지속적으로 증가
중이지 않은가. 그래, 7월 상황은 어떤가?

김 과장: 설계 부서와 협의해서 부품 사양을 변경했더니 0.6퍼센트 정
도 감소했습니다. 허나 OO사에 비하면 아직 0.8퍼센트 정도
높은 편입니다.

기획부장: 혹시 고객 클레임 개선 업무와 관련된 버틀넥(bottleneck, 장
애 요인)은 없나?

김 과장: 동력학에 대한 지식이 아직 부족합니다.

기획부장: 그래? 그러면 한국대학 김응수 박사님이 이 분야 최고 권위자
시지. 내가 소개해줄 테니 자문을 구해보게.

김 과장: 감사합니다.

사업부장: 그 외에 업무상으로나 업무 외적으로 애로 사항은 없나?

김 과장: 팀장과 사사건건 부딪히고 있습니다.

사업부장: 나도 그런 느낌을 받았네. 해결 방안을 좀 더 고민하겠네(클라
이언트의 태도나 사기 등 인터뷰를 통해 파악하지 못한 내용은 자료

검토나 평상시 관찰한 내용으로 파악한다).

사업부장: 김 과장은 이번 코칭 프로젝트로 얻고 싶은 게 뭔가?

김 과장: 예, 저는 이번 코칭 프로젝트 활동을 하면서 커넥팅로드의 클레임율을 0.3퍼센트 이내로 확보하고, 동력학에 대한 완전한 이해를 목표로 하려고 합니다.

사업부장: 자네가 코칭 활동에 적극적으로 참여하는데다, 확고한 목표 의지도 갖고 있어 마음이 놓이네. 그럼, 둘째 스텝에서 다시 보자고.

3. OPEN MIND

코치와 클라이언트 간에 친밀감과 신뢰감을 형성하면서 터놓고 이야기할 수 있는 분위기를 조성하는 단계다. 이 단계에서 코치와 클라이언트 간에 라포가 형성되지 않으면 코칭 활동이 성공적으로 마무리되기 어렵다.

이 책의 초반부터 이야기했듯이, 코칭은 클라이언트가 주체가 되어 문제를 해결하는 활동이다. 그러니 이 단계에서 코치가 주체가 되어 클라이언트에게 일방적인 지시나 명령을 하게 되면 처음부터 어려움을 겪게 된다. 따라서 이 단계에서는 클라이언트를 존중하고 신뢰하는 분위기를 충분히 조성할 필요가 있다.

가. 요점

» 클라이언트가 자발적으로 자신의 이야기를 서술하게 한다.

» 코치와 클라이언트 간에 협력적인 분위기가 조성되게 하고, 클라

이언트는 코치가 자기 입장에서 자기의 심정을 자기 자신의 일처럼 알아준다는 생각이 들게 해준다.

나. 체크 포인트

긍정적 반응하기

코치가 긍정적으로 반응하는 목적은 클라이언트의 문제 해결에 대한 자신감을 고취시키고, 실천 의지를 함양하는 데 있다. 인간은 외적 자극에 의해 자연적으로 어떤 반응을 일으키는 구조로 되어 있다. 긍정적 반응은 긍정적 자극을 통해서만 얻을 수 있다. 따라서 코치는 클라이언트에게 칭찬과 같은 긍정적 자극을 지속적으로 유지할 필요가 있다. 이를 위한 방법은 다음과 같다.

- 클라이언트의 니즈 강도를 체크하라.
- 클라이언트의 니즈를 조직의 니즈와 일치시켜라.
- 좋은 행동에 대해 보상하라.
- 모범적인 샘플을 설정하라.
- 클라이언트를 의사 결정과 계획 과정에 참여시켜라.
- 클라이언트로 하여금 자신의 업무가 도전적이고, 흥미로우며, 의미 있다고 느끼게 하라.
- 격려와 칭찬을 통해 클라이언트에 대한 믿음을 표현하고, 클라이언트가 스스로 유능하다고 느끼게 하라.

» 긍정적 관계 형성

긍정적 관계란 서로의 마음이 연결된 상태, 즉 코치와 클라이언트
의 마음이 서로 통하는 상태를 뜻한다. 긍정적 관계가 형성되면 호
감과 신뢰감이 생기고, 비로소 마음속에 담긴 깊은 사연까지 언어
화 할 수 있게 된다. 따라서 코칭 과정 중에서 가장 중요한 것은 코
치와 클라이언트의 긍정적 관계 형성이다. 긍정적 관계 형성은 코칭
초기에 이루어져야 한다. 클라이언트와의 관계 형성이 초기에 이루
어지지 않으면 코칭의 다음 스텝이 지연되거나, 아예 코칭을 포기해
야 하는 상황까지 이르게 된다. 긍정적 관계를 보다 더 용이하게 형
성하려면 '솔직성'과 '무조건적 수용' 그리고 '공감적 이해'를 기반에
두어야 한다.

(1) 코치는 먼저 자신을 인식하고 클라이언트를 이해할 필요가 있
다. 자신을 인식하려면 다음과 같은 조치가 필요하다.

– 자신의 부정적 혹은 해결되지 않은 문제를 체크해야 한다. 그래서
코치는 자기 문제를 최대한 해결한 뒤, 건강한 '열린 마음'을 갖고 클
라이언트를 맞이해야 한다. 그렇지 않으면 클라이언트의 문제에 자신
의 상황을 반영하거나, 동정심을 갖거나, 감정이 역전되어 코칭을 올
바르게 진행할 수 없다. 클라이언트를 객관적이고 냉철한 시선 대신
'주관적 편견'으로 대하는 오류를 저지르는 것이다.

– 자신에 대한 코치로서의 가치와 신념을 인식한다. 코치 자신이 코

칭의 성공에 대한 확신이 없거나, 자기 자신에 대한 가치를 인정하지 않으면 코칭에 대한 자신감을 잃게 된다. 따라서 코치는 자존감과 아울러 지금 실시하는 코칭이 코치 자신의 코칭 역량을 함양시키고, 클라이언트의 문제를 완전무결하게 해결해줄 수 있다는 신념을 가지고 있어야 한다.

– 자신의 선입견과 편견을 체크한다. 상담자도 사람이기 때문에 클라이언트에 따라, 또는 문제에 따라 바라보는 시선이 왜곡될 때가 있다. 이렇게 되면 라포 형성이 힘들어진다. 사물을 객관적으로 바라봐야 한다. 코치는 편견이나 고정 관념으로부터 과감히 탈출하고자 하는 자세와 행동을 취해야 한다.

(2) 클라이언트에 대한 신뢰와 존중감이 있어야 한다. 클라이언트가 어떤 위치에 있는 사람이든, 또는 어떤 문제를 가진 사람이든 코치는 클라이언트를 '내 도움을 받으러 온 사람'으로 받아들이고, 그 사람 자체를 인정하고 존중해주어야 한다.

(3) 클라이언트에 대한 진정한 관심을 가져야 한다. 마음을 열고 선입견과 고정 관념, 방어적 태도를 버려야 하며, 상대방에게 관심을 받고 있다는 느낌을 가질 수 있도록 해야 한다. 여기서 코치의 언어적 또는 비언어적 자세의 중요성이 요구된다. 특히 대화를 할 때에는 다음과 같이 해야 한다.

― 정면을 보고 마주 대한다. 그럼으로써 서로 바라보고 있다는 인식을 주어야 한다.

― 너무 가깝지도 멀지도 않은 거리를 두고 마주 앉는다. 그러니까 커피 전문점의 테이블에 함께 앉았을 때의 거리 정도를 생각하면 된다. 너무 멀면 클라이언트가 멀어 보이고, 너무 가까우면 서로 부담스러워진다.

― 적절한 언어적·비언어적 반응을 보여야 한다. 내가 열심히 듣고 있고, 클라이언트에게 관심을 지속적으로 기울이고 있으며, 공감하고 있다는 것을 언어적·비언어적 모습으로 보여주어야 한다. 상대방의 말을 그대로 반복하여 체크하는 방법도 좋다.

― 상대방의 눈을 바라보되, 너무 정면으로 바라보지는 않는다. 정면으로 바라보면 상대방은 그것을 오히려 부담스러워 할 수 있기 때문이다. 그러니 상대방의 미간을 바라보는 것이 좋다. 손은 테이블 위에 올리거나, 의자의 팔걸이에 편하게 올려 놓아도 무방하다. 하지만 턱을 괴거나 팔짱을 끼면 권위적으로 보이거나 지루해한다고 여길 수 있다. 발을 꼬는 것도 역시 건방지고 권위적으로 보일 수 있다. 코치의 너무 높은 어조(톤)는 날카롭다고 느끼게 만들고, 너무 낮은 톤은 분위기를 무겁게 만든다. 중간 정도의 톤과 알맞은 크기로 말해야 한다.

― 비언어적인 부분으로 응답하는 것이 더 중요하다. 잘 듣고 있다는 것을 알리기 위해 종종 맞장구를 치듯이 "아, 그랬군" 혹은 "아~, 그렇군" 같은 식으로 반응할 경우, 클라이언트는 오히려 코치가 습관적

으로 대답하고 있다고 여기게 된다. 차라리 눈으로 클라이언트를 지긋이 바라봐줌으로로써 "그렇군요"라는 말을 대신할 수도 있다. 필요할 때만 적절하게 입으로 반응하는 것이 효과적이다.

– 복장 또한 중요하다. 코치가 정장 차림이라면 클라이언트는 오히려 불편할 수도 있다. 차라리 세미캐쥬얼이나 세미정장을 입는 것이 클라이언트에게 편안한 느낌을 줄 수 있다.

(4) 무조건적으로 수용하는 자세를 보여야 한다. '무조건적인 수용'의 의미는 클라이언트의 말을 더하지도 빼지도 말고, 말의 내용 그 자체를 그대로 들어주는 것이다. 클라이언트가 '흠집이 난 핸드폰'이라는 내용을 코치에게 내밀었다면, 코치는 그것을 닦고 고치지 말고 그 모습 그대로 자기 손 안에 옮기라는 의미다.

(5) 공감적(empathy) 경청이 필요하다. 무조건적 수용과 공감적 경청은 거의 동시에 일어난다. 공감적 경청은 코치가 클라이언트의 위치에서 클라이언트의 시각과 마음으로 클라이언트의 이야기를 듣고 느끼는 것이다. 즉, 코치가 클라이언트의 감정을 고스란히 공유해주는 과정이다.

다. OPEN MIND의 사례

사업부장: 그동안 잘 지냈나?

김 과장: 예, 사업부장님! 사업부장님은 어떻게 지내셨어요?

사업부장: 커넥팅로드 품질 개선 방안을 검토했네. 아무래도 T.F.T를 구성해서 체계적인 방안을 도출할 필요가 있어. 그래서 말인데, 김 과장이 T.F.T의 PM이 되어주었으면 하네.

김 과장: 상무님! 또 그 T.F.T 말씀이신가요?

사업부장: 이제는 T.F.T 소리만 들어도 거부 반응부터 보이는군.

김 과장: 사실이 그렇잖습니까? T.F.T에 참여해서 좋을 사람이 누가 있습니까? 팀장만 생색나는 거 아니겠습니까?

사업부장: 그렇게 생각한다면 회사나 우리 사업부를 위해서 일하는 게 아니라, 팀장 개인을 위해서 희생 당한다는 생각까지 든다는 이야기네. 그렇다면 억울하기까지 하겠군.

김 과장: 솔직히 그렇습니다. 작년에 샤프트 품질 개선 T.F.T 때 그렇게도 열심히 했는데, 프로젝트가 끝나니까 제게 무슨 도움이 되었습니까? 그 고생을 하고도 오히려 욕만 먹었습니다.

사업부장: 그러니 "왜 또 그 고생을 사서 하나?"는 말이지? 그래, 나도 알아. 자네란 사람은 원래 성품이 좋고 이해심이 많아서 어지간해서는 불평불만을 내비치지 않지. 그러니 오죽이나 속이 상했겠나.

김 과장: 그렇지 않습니까? 그리고 지금은 정상 업무를 하는 데도 인원

이 줄어서 바쁘기 짝이 없습니다. 그런 판에 T.F.T까지 하라시면, 저는 차라리 다른 부서로 옮기는 게 좋겠습니다.

사업부장: 으음, 이만저만 감정이 상한 게 아니었나보군. 얼마나 심했으면 이런 극단적인 소리까지 하겠나, 이 사람아.

김 과장: 그렇지 않습니까? 제가 이 일로 어떤 보상을 꼭 받았으면 하는 건 아닙니다. 하지만 비난의 화살이 저희 T.F.T 구성원들에게 날아왔을 땐, 정말 견디기 힘들었습니다.

사업부장: 그래, 나도 전부는 이해하지 못하지만, 김 과장의 심정을 이해할 수 있을 것 같아. 사업부장으로서 대신 사과할게.

김 과장: 그렇게 말씀해주시니 감사합니다, 사업부장님!

사업부장: 전번 1차 미팅 때 김 과장이 코칭 활동 목표로 커넥팅로드의 클레임율을 줄이고, 동력학에 대한 역량을 확실하게 확보하겠다고 했지? 혼자 힘으로는 어려운 활동이라 생각하는데, 김 과장의 생각은 어떤가?

김 과장: 예, 저도 혼자 하려니 좀 막막합니다.

사업부장: 그래서 말인데. 그 과제를 T.F.T 과제로 선정해서 활동했으면 싶은데, 김 과장 생각은 어떤가? 김 과장 말고는 PM을 맡아줄 탁월한 사람을 찾기 어렵다네.

김 과장: 저를 그렇게까지 생각해주실지 몰랐습니다, 사업부장님! 제게 맡겨 주시면 반드시 성공적으로 마무리하겠습니다.

상대방의 입장에서 생각하고 판단하라.

제1차 세계대전(1914~1918) 때 영국의 수상이었던 로이드 조지(1863~1945)에게 누군가가 물었다. 우드로 윌슨 미국 대통령(1856~ 1924)과 조르주 클레망소 프랑스 총리(1841~1929) 등 잊혀진 지 오래된 지도자들과 달리 변함없이 권력의 자리에 앉아 있는 비결을 말이다. 그러자 조지 전 총리는 이렇게 대답했다.

"물고기 입에 맞는 걸 낚싯바늘에 달아두는 법을 배워서요."

미국의 대표적 컴퓨터 회사인 인텔은 인류학자와 사회학자, 엔지니어 등으로 구성된 연구팀을 조직했다. 이 팀은 세계 각지를 여행하며 다양한 문화에 속한 사람들의 삶과 노동 방식, 일상생활을 심층적으로 관찰한다. 그럼으로써 그들의 가치, 열망과 욕구, 그리고 동기를 보다 더 깊이 파헤치는 노력을 기울이고 있다. 이는 PC를 더 많이 팔기 위해서이다.

한 예로 인텔은 중국 중산층이 PC가 필요한데도 구매를 주저하는 이유를 파악했다. PC가 자녀들의 공부에 방해가 될 거라는 염려 때문이었다. 그래서 인텔은 중국에서 출시한 PC에 소프트

웨어 잠금 장치 대신 실제 자물쇠를 달았다. 중국 부모들이 열광했음은 물론이다. 즉, 인텔은 중국에서 열쇠와 자물쇠가 중요한 권위의 상징이라는 사실을 중국인들의 입장에서 깊게 인식한 것이다.

일본의 최북단 지역인 홋카이도에는 삿포로 시에서 운영하는 동물원인 '아사히야마'가 있다. 이 동물원의 사육사들은 전 세계 동물에 대한 지식을 습득했다. 그것을 기반으로 인간이 사육하기 어려운 동물도 건강하게 기르는 방법을 터득하는 등 최고의 프로 사육사가 되기 위해 노력했다. 그러나 방문객들은 동물원의 동물들이 항상 잠만 자서 따분하고, 동물원이라는 곳도 애들을 위한 유치한 곳이라고 생각했다. 그래서 방문객이 줄어들자 아사히야마 동물원은 폐쇄 위기에 몰렸다. 그런 아사히야마 동물원이 회생하는 기적이 일어났다.

아사히야마 동물원은 동물원이 고객에게 제공하는 가치를 상대방의 입장, 즉 고객의 입장에서 파악했다. 동물원은 야생동물을 보여주는 곳이다. 즉, 야생동물의 매력을 보여줌으로써 야생동물의 팬을 만들어야 한다. 그러려면 동물은 동물원에서 행복하게 사는 모습을 보여주어야 한다. 즉, 프로 사육사가 해야 할 일은 동물원 방문객들에게 동물들이 행복해하는 모습을 보여주는 것이다. 물론 방문객이 없다면 아무리 훌륭한 희귀종 번식 능력 확보와 관련 연구 성과도 의미가 없다는 데 동물원 직원 모두가 동의했다.

이후 아사히야마 동물원 사육사들의 지향점은 아사히야마만의 전시, 감동을 주는 전시, 마음이 보이는 전시가 되었다. 그리고 이를 통해서 "동물을 담당하는 사람들은 정말 따듯하구나"라는 인상까지 주려고 했다. 이제 아사히야마 동물원의 사육사들은 자신들이 동물과 사람 사이에서 행복을 전달하는 커뮤니케이터, 즉 행복의 전도사임을 자부한다. 아사히야마 동물원의 이러한 기적은 그들의 시선을 바꾼 데에서, 고객의 입장에서 바라본 데에서 시작된 것이다.

이렇듯 문제를 해결하려면 상대방의 욕구, 감정, 태도 등을 주의 깊게 살피고 분석할 필요가 있다. 결국 고객의 진정한 욕구를 파악하는 것이 고객 만족의 지름길이자 문제 해결의 출발점이 된다는 것을 명심할 필요가 있다.

4. ASK

이 단계에서는 클라이언트에게 여러 질문을 하여 클라이언트가 놓인 상황을 분석하고, 클라이언트 스스로 가장 시급히 해결해야 할 테마를 선정하며, 이 테마가 가지고 있는 문제를 구체적으로 말하게 함으로써 클라이언트 스스로 본인의 문제임을 인식하게 한다. 또한 발생한 문제에 대한 원인과 해결 방안도 클라이언트 스스로 모색해보도록 한다.

가. 요점

» 클라이언트가 자발적으로 자신의 문제 상황을 서술하도록 한다.

» 가장 시급히 해결해야 할 과제를 선정한다.

» 코치와 클라이언트 간에는 문제 인식의 차이가 있다. 그러니 클라이언트의 관점에서 문제를 이해하고자 노력한다.

» 발생한 문제에 대한 근본적인 원인과, 이에 대한 창의적 해결 방

안을 도출할 수 있도록 문제 해결에 유용한 도구들을 제공한다.

나. ASK 프로세스

ASK 프로세스는 클라이언트의 문제를 해결하기 위한 문제 해결 프로세스다. 이 단계에서 문제 해결의 주체는 코치가 아니라 클라이언트임을 명확히 하는 것이 중요하다. 코치는 문제를 해결하는 데 필요한 프로세스와 도구를 지원한다. 또한 코치는 질문을 통해 클라이언트가 업무를 수행하면서 발생한 문제들이 본인의 문제임을 인식하게 하고, 문제를 스스로 해결하게 해야 한다. 코치가 문제와 해결안을 제시

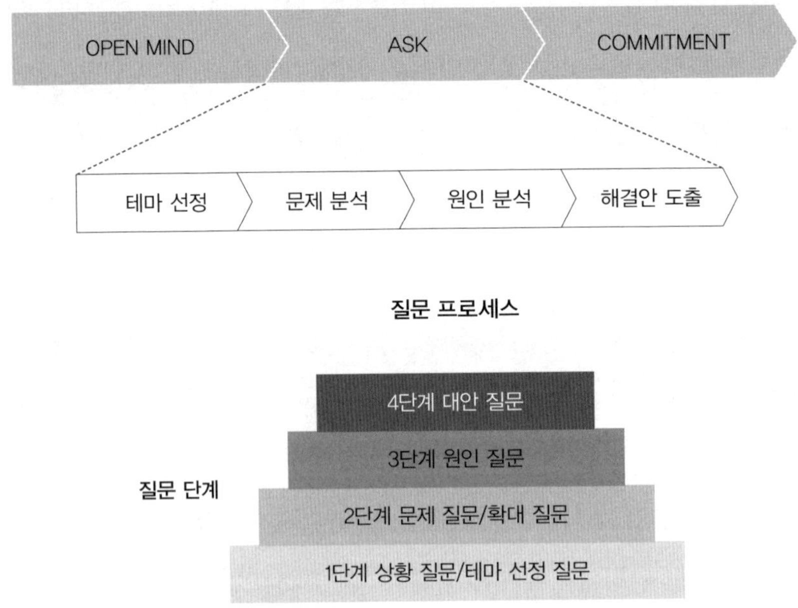

해주어서는 안 된다. 코치가 문제를 제시해주는 순간 그 문제는 클라이언트의 문제가 아니라 코치의 문제가 되기 때문이다. 따라서 해결도 코치가 하지 않으면 안 되는 상황이 전개된다.

효과적 질문의 특성		
1. 간단명료	2. 상황에 적절	3. 건설적

(1) 테마 도출

내·외부 환경 분석을 통해 시급히 해결해야 할 주제를 선정한다. 테마 도출 방법은 두 가지다. 첫 번째 방법은 클라이언트 스스로 시급히 해결해야 할 테마 후보안을 리스트업(list-up)한 후 선정하는 것이다.

테마 후보안

1	영업 비밀 보호를 위한 보안(의식,제도) 강화 방안
2	신제품 개발 기간 단축을 위한 업무 프로세스 개선 방안
3	영업력 강화를 위한 저비용의 마케팅 전략
4	장벽 없는(제조, QC, 공무, 총무) 커뮤니케이션 활성화 방안
5	영업력 향상을 위한 신바람 나는 일터 만들기 방안

두 번째 방법은 테마 선정 프로세스와 도구를 활용하는 방식이다.

테마 선정 프로세스에 의한 테마 선정의 첫 번째 단계는 3C/FAW, SWOT, 7S, 비즈니스 시스템(business system) 같은 분석용 도구를 활용해 기업 내·외부의 환경을 분석하는 일이다. 두 번째 단계는 분석 내용을 바탕으로 테마 후보안을 도출하는 것이며, 세 번째 단계는 의사 결정 도구를 활용해 테마 후보안을 평가하여 최적의 테마를 도출하는 것이다.

테마 선정 프로세스

	환경 분석	테마 후보안 도출	테마 평가 및 선정
주요 내용	사업(문제)을 둘러싸고 있는 내부-외부 환경을 분석함	분석 결과에 따라 메시지를 도출하고 과제 후보안을 도출함	테마 후보안을 평가 기준에 의거하여 평가한 후 최적 테마를 선정함
방법 (Tool)	3C와 FAW 분석 • SWOT 분석 • 비즈니스 시스템 • 7S	3C와 FAW 분석 • SWOT 분석 • 비즈니스 시스템 • 7S	K-T 우선순위 결정 기법 • 자체 기준에 의한 평가(Criteria Rating)
성과 (Output)	사업 환경과 고객의 요구 • 고객 요구에 대한 자사 및 경쟁사 대응 현황	테마 후보안	최종적으로 선정된 테마

분석용 도구는 하나만 활용할 경우도 있고, 각종 도구를 결합하여 사용하는 경우도 있다. 그럼 가장 널리 사용되는 3C/FAW 분석 방법을 설명해보겠다. 3C란 기업의 경영 환경에 영향을 미치는 1차적 환경 요인인 고객(Customer), 자사(Own Company), 경쟁사(Competitor)를 말하며, FAW(Force at Work, 거시적 환경 요인)는 정부의 정책과 법규 등 2차적 요인을 말한다.

3C 분석은 일반 환경은 물론 전략 수립과 문제 인식의 관점에서 매

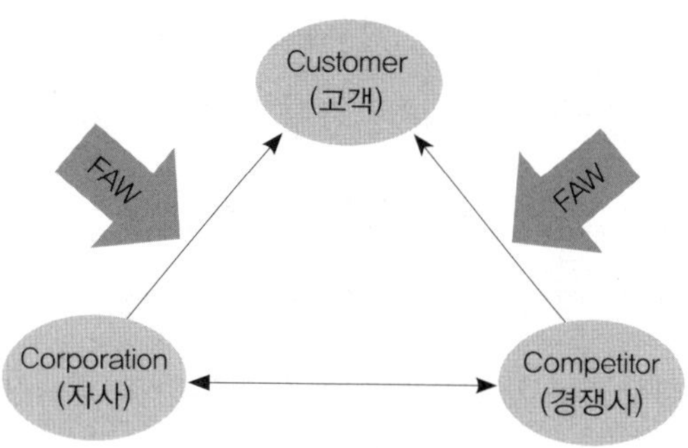

* FAW : Force at Work, 거시적 환경 요인

우 중요한 분석 대상이다. 3C 분석은 주요 고객(시장)이 누구인지, 고객이 원하는 것이 무엇인지를 파악하고, 자사와 경쟁사가 고객에 대해 어떻게 대응하며 반응하는지 파악하여 전략의 구조를 통찰하고 구체적인 방향성을 설정하기 위한 것이다.

3C 분석 중 고객 분석의 주요 내용은 다음과 같다.

» 주요 고객은 누구인가?

» 시장의 규모와 추이는 어떠한가?

» 주요 고객의 구매력과 충성도는 어느 정도인가?

» 고객의 주요 니즈와 추구하는 가치는 무엇인가?

기업은 고객에게 최고의 만족과 감동을 주기 위해 경쟁사의 것과 차별화된 제품과 서비스 등을 제공해야 한다. 그래야 경쟁 우위를 지속적으로 확보할 수 있다. 그러기 위해서는 시장에서의 우리의 경쟁 상대가 누구이고, 그들이 가지고 있는 기술력과 자본력은 어느 정도이며, 전략적 우위는 무엇이고, 약점은 어떤 것이며, 그 회사가 최근에 어떻게 돌아가는지 명확히 파악해야 한다. 이것이 경쟁사 분석이다.

한 고객을 대상으로 경쟁사와 자사가 치열하게 경쟁하는 상황이다. 그러므로 자사에 대한 철저한 분석도 필요하다. 그러면 자사에 대한

3C & FAW 분석 포인트

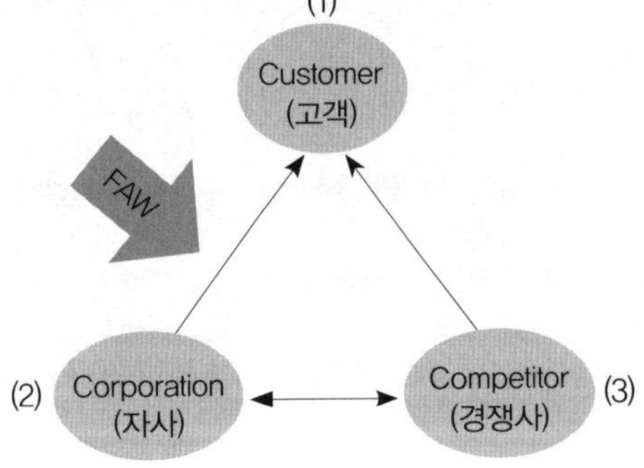

사업에 영향을 크게 미치고 있는 환경 요인은 무엇이며, 그 요인을 움직이는 메커니즘(Mechanism)은 무엇인가?

(1) 어떤 고객의 니즈를 선택할 것인가?	(2) 어디에 자원을 집중할 것인가?	(3) 어떻게 차별화할 것인가?
• 시장의 규모 및 추이 • 주 고객은 • 주 고객 세분화 • 주 고객의 특성과 속성 • 구매 동기 • 중요시하는 제품이나 상품의 특성 • 주 고객의 요구 등	• 주요 제품 • 매출, 이익 • 사업 운영 흐름 • 조직 체제 • 강점과 약점 등	• 자사의 주 경쟁사 • 경쟁사의 강점과 약점 • 경쟁 전략 • 경쟁사의 기술력 • 경쟁사의 최근 동향 등

분석은 어떻게 해야 할까? 자사가 가지고 있는 자산, 기술력, 프로세스, 종업원들의 역량, 강·약점을 구체적으로 분석해야 한다.

그럼 FAW는 구체적으로 무엇을 의미할까? 시장을 좀 더 넓게 보면 고객, 자사, 경쟁사 등 삼각 구도뿐만 아니라 정치, 경제, 사회, 문화 등 기업 환경에 변화를 일으키는 매크로(macro)한 요인들도 생각해볼 수 있을 것이다. 이러한 매크로한 요인, 즉 정부의 정책, 법규, 원유 가격, FTA, 환율, 글로벌화 등 기업 경영에 영향을 미치는 거시적인 외부 환경 요인이 FAW인 것이다.

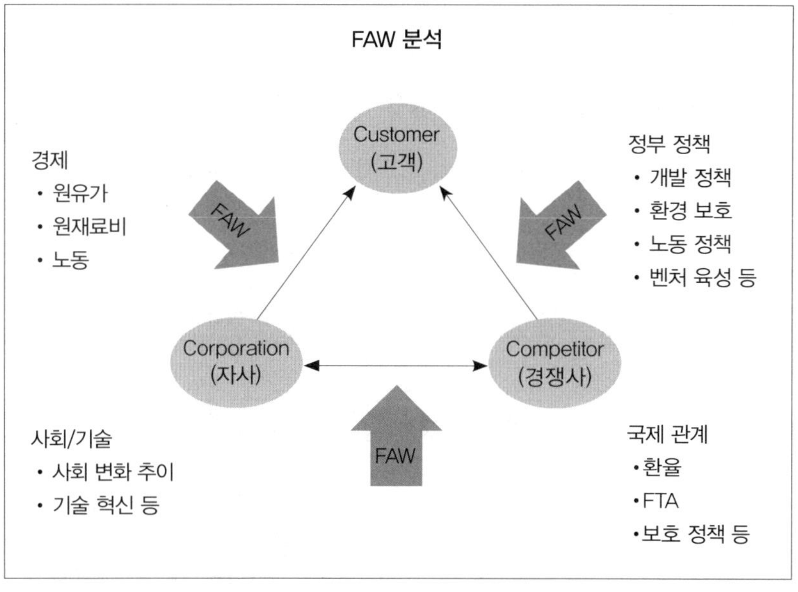

그럼 이쯤에서 독자 여러분의 이해를 돕기 위해 3C/FAW 방법으로 그녀를 공략하기 위한 전략 과제 도출 방법을 예로 들어보겠다.

첫 번째 단계에서는 3C/FAW 분석 프레임(Frame)을 설정한다.

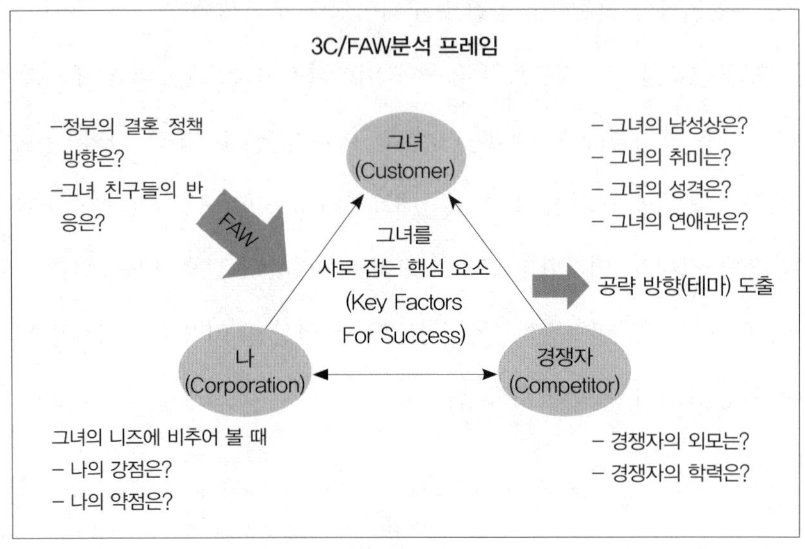

두 번째 단계에서는 분석 프레임을 바탕으로 환경을 분석한다.

세 번째 단계에서는 분석 내용을 기반으로 테마 후보안을 도출한다.

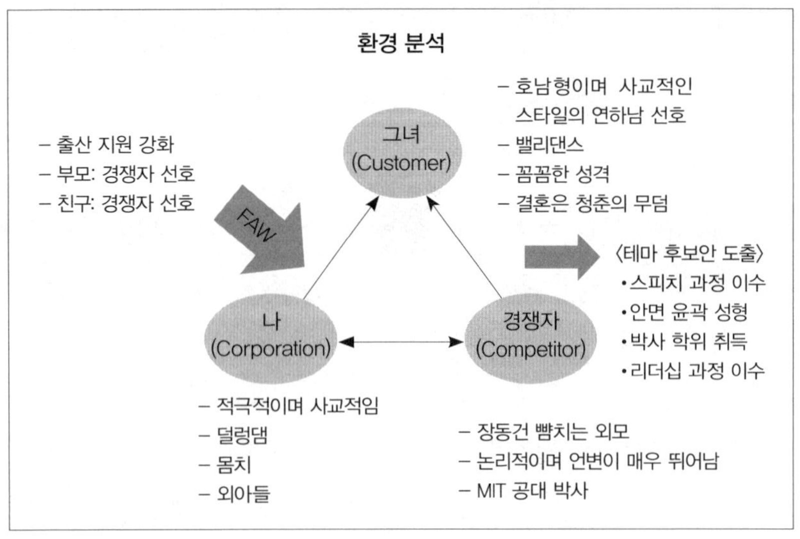

마지막 단계에서는 페이오프 매트릭스(Pay-off Matrix)법 등을 활용하여 최종 테마 선정을 위한 평가를 실시한다.

페이오프 매트릭스

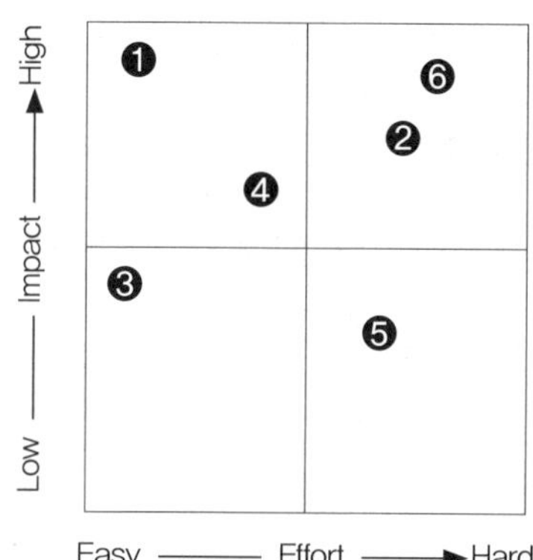

*안면 윤곽 성형과 박사학위 취득을 핵심 테마로 선정 함

기타 분석 도구를 활용한 테마 선정 예시

SWOT 매트릭스

내부 환경 요인

		강점 (Strengths)	약점 (Weaknesses)
외부 환경 요인	기회 (Opportunities)	SO 내부 강점과 외부 기회 요인을 극대화	WO 외부 기회를 이용하여 내부 약점을 강점으로 전환
	위협 (Threats)	ST 외부 위협을 최소화하기 위해 내부 강점을 극대화	WT 내부 약점과 외부 위협을 최소화

SWOT 매트릭스에 의한 테마 도출 예시

내부 환경 환경 분석	강점(S) – 브랜드 이미지 – 시장 점유율 – 설치 능력	약점(W) – A/S 대응력 미흡 – 정보 수집 능력 – 제품 품질 저하	
기회(O) – APT 분양 금액 차별화 – 대형 프로젝트 허가 – 그린벨트 해제	SO – 고급형 APT용 제품 개발 – 대형 프로젝트 초부터 설계 사무소 SPEC–IN 참여	WO – PM 제도 도입 – A/S망 재구축	테마 후보안
위협(T) – 부도 증가 – 공사 중단 및 취소 – 건설 경기 위축	ST – 계약 전후 업체 신용도 평가 시스템 구축 – 소형 거래선 발굴 시스템 구축	WT – 신제품 홍보 전략 재구축	

테마 후보안

4P 분석 도구를 활용한 테마 도출 예시

	고객/환경	자사/경쟁사	
제품 (Products)	– 새로운 콘셉트(concept)의 제품 신시장 진출 – A Type 제품의 성공적 시장 진입	– CU 비전(vision)에서 사업 방향을 확정했으나, 신사업 경험 부족 – A Type 제품 판촉 스킬(skill) 미흡	⇨ 히트(Hit) 상품을 창출하기 위한 베스트 출시 프로젝트 실시
가격 (Price)	– 시장 개방 대비 가격 경쟁력 확보 – 염가와 고가 동시 소구 필요	– A사의 공격적 가격 전략 – B사 대비 가격 경쟁력 열세	⇨ 시장 개방 대비 유통 혁신을 위한 신유통 시스템 개발
점포 (Place)	– 점포 대형화·전문화 – 유통망 재구축 – 지역 밀착화 – 유통 효율 증대	– 유통 업체 간 통합 활성화·대형화 – 기존 유통망 영세	⇨ 자가 빌딩을 이용한 복합 유통 운영을 위한 스킬(Skill) 개발
판촉 (Promotion)	– 선행 관리에 의한 대체 수요 장악 – 브랜드 경쟁력 제고 – 지역 밀착 판촉 촉진	– CI 및 사명(社命) 변경 – 브랜드 인지도 저하 및 홍보 전략 취약 – 판촉 시스템 미흡	⇨ 고객 만족 극대형 제품의 진열 및 매장 연출을 위한 스킬 개발

⇩

- 마케팅 결합 스킬(Marketing Combination Skill) 개발
- 영업 사원의 전략적 육성 체계 개발

테마 도출을 위한 코치의 효과적인 질문 예시

» 주요 고객은 누구인가?

» 고객의 성향은 어떤가?

» 주요 구매 고객의 구매력은 어느 정도인가?

» 고객의 니즈는 무엇인가?

» 자사의 개발 역량은 어느 정도 수준인가?

» 어떤 개발 경험이 있나?

» 제약 시장의 환경은 어떠한가?

» 정부의 지원 정책으로는 무엇이 있나?

» 정부의 규제 정책으로는 무엇이 있나?

» 우리는 어떤 기술을 보유하고 있나?

» 경쟁사의 라인 구성은 어떻게 이루어져 있나?

» 고객들의 경쟁사 제품에 대한 평가는 어떠한가?

» 경쟁사의 핵심 기술은 무엇인가?

» 경쟁사의 향후 정책으로는 어떤 것이 있나?

» 경쟁사의 가장 큰 약점은 무엇인가?

» 경쟁사의 핵심 자산은 무엇인가?

» 자사의 가격 정책은 무엇인가?

» 과거의 광고 전략은 무엇이었나?

» 경쟁사의 홍보 전략은 무엇인가?

» 새롭게 개발하려는 제품의 컨셉은 무엇인가?

(2) 문제 분석

바람직한 결과와 현상과의 갭(gap)인 문제점을 도출한다.

문제 분석 프로세스

	문제 도출	핵심 문제 선정
정의	브레인스토밍 법 등을 활용하여 문제를 도출	• 문제의 치명도 등을 평가하여 제거해야 할 문제의 우선순위를 정함
방법 (Tool)	로직트리(Logic Tree) • 브레인스토밍 • 6/5/3법 • KJ법 • 분류(Grouping)	• 상호 평가 • 절대 평가
성과 (Out put)	• 문제 로직트리 • 도출된 문제	• 핵심 문제

문제 도출 방법 (A)

– 대상: 초급, 문제 해결 프로젝트 경험이 없는 클라이언트

– 시기: 복잡하지 않고 단순한 일상적인 문제 해결 시

– 방법: 문제라고 생각되는 것을 브레인스토밍법 등에 의해 열거

첫 번째 단계에서는 브레인스토밍법과 브레인라이팅법 등을 활용하여 문제를 열거한다.

두 번째 단계에서는 도출된 문제를 검토하는데, 이 단계에서는 불명확한 문제는 제거하고 유사한 문제는 통합한다. 그리고 문제의 크기가 유사한지 검토하고 조정한다.

세 번째 단계에서는 통합되고 정리된 문제에 대해 MECE 원칙에 따

라 중복이나 누락이 없는지 체크하고 검증한 후, 최종적으로 문제를
확정한다.

발상 기법에 의한 문제 열거

문제 열거	문제 검토	MECE 체크	문제 도출 확정
•브레인스토밍 및 6/5/3법을 활용하여 문제를 열거함	•불명확한 문제를 제거하고 문제의 레벨(Level)을 조정함.	•누락이나 중복이 없는지 체크함.	•최종 검토 후 완료.

문제 열거
1. 납기 지연
2. 불량률 상승
3. 클레임율 상승
4. 원가 상승
5. 고객 불만족 증가
6. 생산 지연
7. 고객 불만 발생
8. 납품 일자 미준수

문제 검토
1. 납기 지연
2. 불량률 상승
3. 클레임률 상승
4. 원가 상승
5. 생산 지연
6. 고객 불만 증가

MECE 체크/확정
1. 납기 지연
2. 불량률 상승
3. 클레임률 상승
4. 원가 상승
5. 생산 지연
6. 고객 불만 증가

여기서 MECE는 어떤 분석을 수행할 때 중복이나 누락 없이 각각의
합이 전체가 되는 요소들의 집합이다. 예를 들어 전체 업무 또는 전체
문제를 T라고 가정할 때, 'T = A + B + C'인 관계가 그것이다.

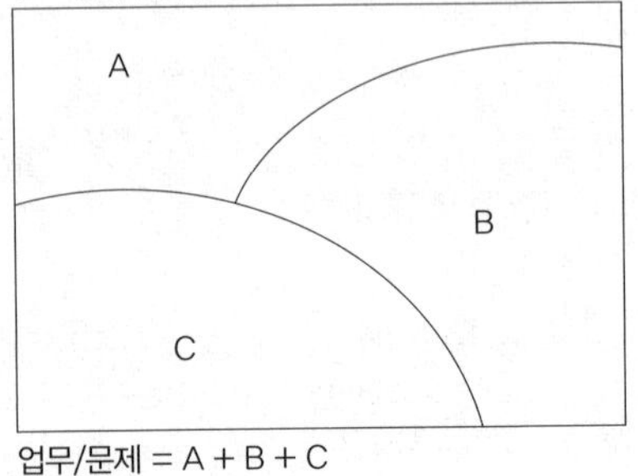
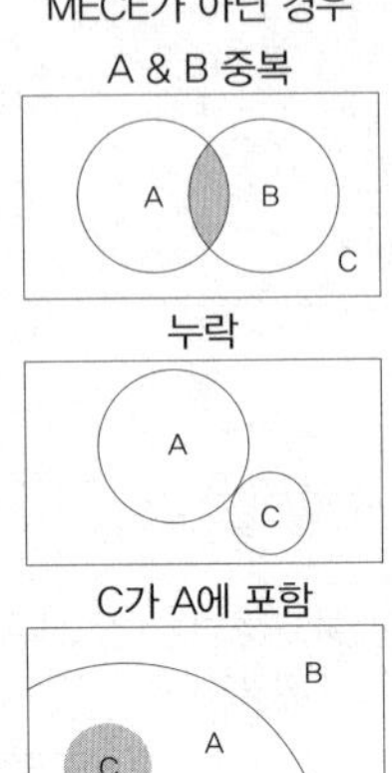

문제 도출 방법 (B)

– 대상: 중고급, 문제 해결 프로젝트 경험이 있는 클라이언트

– 시기: 복잡한 문제 해결 시

– 방법: 로직트리(Logic Tree, 연역적·귀납적 작성법) 도구를 활용

연역법	귀납법
" 소크라테스의 삼단논법" ▶ 인간은 죽는다: 일반 법칙 ▶ 소크라테스는 인간이다: 개개의 사실 ▶ 그러므로 소크라테스는 죽는다: 추론	▶ 지금까지 본 돼지의 코는 모두 납작했음. 　: 개개의 경험 ▶ 그러므로 돼지의 코는 납작함. 　: 일반 법칙

연역적 로직트리의 작성 절차는 다음과 같다.

첫 번째 단계는 분석의 대상과 범위를 명확하게 하기 위해 주어와 술어의 형태로 이니셜퀘스천(Initial Question, 초기 질문)을 기술한다. 예를 들면 "스피치 역량 강화의 장애 요소로는 어떤 게 있습니까?" 같은 질문이다.

연역적 로직트리 작성 절차

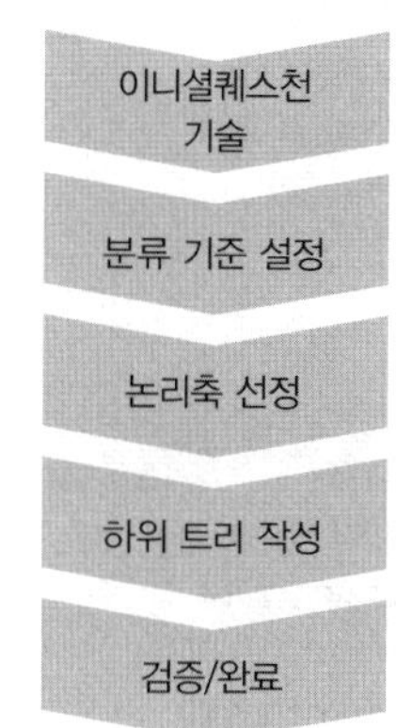

- 분석의 대상과 범위를 명확히 하기 위해 주어와 술어의 형태로 기술함.
- 로직트리 작성 목적에 따라 설정함.
  예) 분류 기준이 "기술"인 경우: S/W ↔ H/W
      "직무"인 경우: 연구 기획 ↔ 기술 기획
- MECE 원칙에 따라 논리축을 설정하며, 논리축을 어떻게 선정하느냐에 따라 하위 전개의 성패가 달려 있을 만큼 중요함.
- 논리축 하나하나에 대해 모두 분류함.
- 하위 전개 가짓수는 반드시 두 개 이상이어야 함.
- 최종 분류한 것들이 테마와 관련된 문제 전체를 포함하는가?
- 동일 레벨(Level) 간 MECE한가?
- 전후의 인과 관계는 명확한가?

우리 주변의 MECE

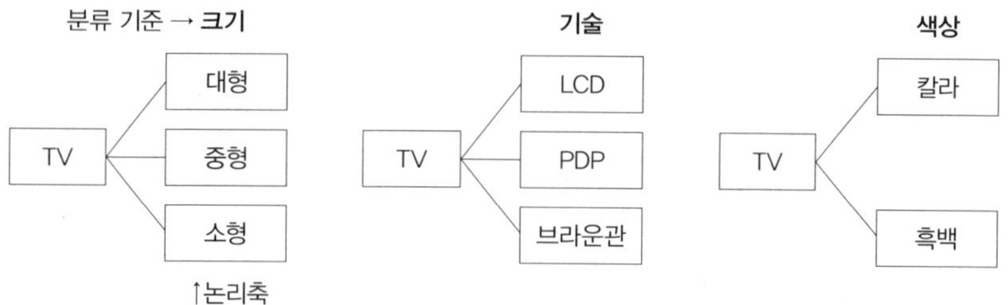

두 번째 단계는 분석의 목적에 따른 분류 기준을 설정하는 것이다.

세 번째 단계는 'MECE 원칙'에 따라 논리축(1단계)을 설정하는 것이다. 논리축은 분류 기준에 따라 달라진다. 예를 들면 같은 TV여도 분류 기준에 따라 도출된 논리축이 다르다. 논리축은 건축물의 기둥처럼 매우 중요하다. 논리축 설정 시에는 3C, 4M, 7S 등 분석용 도구를 활용하면 효과적이다.

3C & FAW	전략 수립(7S)	현장 문제(4M)
• Customer(고객) • Company(회사) • Corporation(자사) • Forces at Work(거시적 환경 요인)	• Strategy(전략) • Structure(구조) • System(시스템) • Staff(스태프) • Skill(스킬) • Shared Value(공유하는 가치) • Style(방식)	• Man(사람) • Machine(기계) • Material(재료) • Method(방법)
전략 개발(SWOT)	비즈니스 시스템	역할 행동(CARE)
• 기회 요인 • 위협 요인 • 강점 • 약점	• 연구 개발 • 생산 • 유통 • 판매 • 서비스	• Capability(능력) • Authority(권한) • Responsibility(책임) • Evaluation(환경)

네 번째 단계에서는 논리축이 명확하게 선정되었는지 점검한 후, 이 논리축에 따라 전후의 인과 관계를 살펴보면서 하위로 로직트리를 전개해 나간다. 로직트리의 마지막 단계에서는 "분류된 로직트리의 내용이 테마와 관련된 문제 전체를 포함하는지?", "동일 레벨(Level) 간 MECE한지?", "전후의 관계는 연계성이 명확한지?"를 검증한 후 로직트리를 완성시킨다.

귀납적 로직트리는 문제의 분석 범위나 방향이 불명확하거나, 로직트리 작성 경험이 부족할 때 사용한다.

그 작성 절차는 다음과 같다.

첫 번째 단계에서는 먼저 브레인스토밍에 의거하여 측정 가능한 문제들을 구체적으로 기술한다. 그런 뒤 열거된 문제 중 테마와 관련이

귀납적 로직트리 작성 절차

문제 열거

- 잘못된 부분을 열거
- 가능하다면 측정 가능한 문제를 열거
- 구체적으로 기술

분류

- 열거된 문제 정리 → 소그룹 분류 → 네이밍 → 중·대그룹 분류 → 전체 검토

로직트리 완성

- 최종 분류된 내용을 위계화하여 완성
- 연역적 로직트리 내용과 동일해짐

(1) 문제 정리
    열거된 문제 중 관련성이 없는 것은 제거

(2) 소그룹 분류
    - 유사한 내용끼리 분류(Grpuping)
    - 그룹별로 무엇을 말하고 있는지를 정의하고 네이밍(Naming)

(3) 중·대그룹 분류, 소그룹 분류 및 네이밍 방법과 같은 방식으로 분류 및 네이밍

(4) 전체 검토
    - 중복 여부 체크
    - 추가 문제 도출

없거나 낮은 것은 제거한다.

두 번째 단계에서는 유사한 내용끼리 그룹(소그룹)을 짓고, 소그룹 각각에 이름을 붙인다. 그런 다음 다시 유사한 소그룹별로 그룹(중그룹)을 짓고, 중그룹 각각에 이름을 붙인 뒤 큰그룹부터 재배열한다.

마지막 단계에서는 연역적 로직트리 검증 방법과 동일한 방법으로 "분류한 내용들이 테마와 관련된 문제 전체를 포함하는지?", "동일 레벨 간 MECE한지?", "전후의 인과 관계는 명확한지?"를 검증해보고 귀납적 로직트리를 완성한다.

<h2 align="center">귀납적 로직트리 완성</h2>

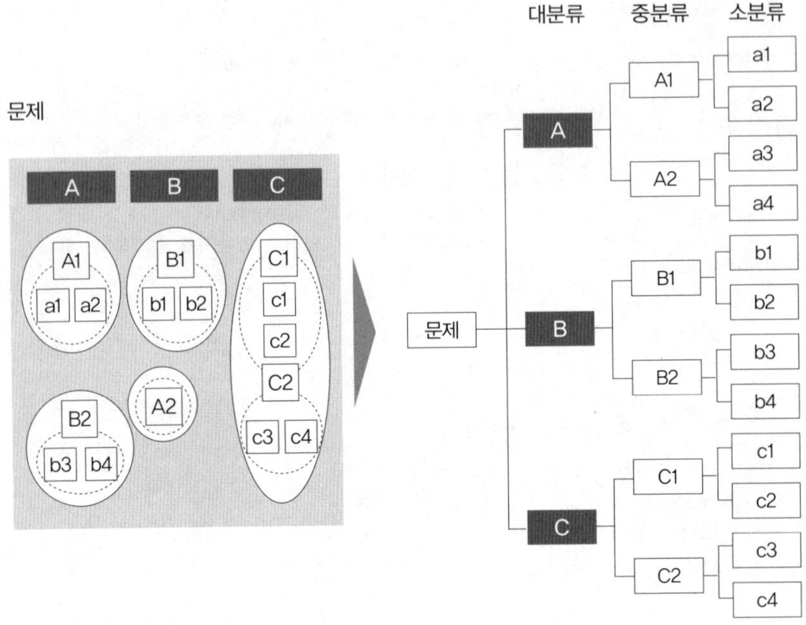

<h2 align="center">로직트리 작성 시 주의 사항</h2>

- 로직트리 사용 목적을 분명히 해야 함.
  - 앞서 언급한 바와 같이 로직트리는 문제 구조 파악뿐만 아니라 체크 리스트(Check List), 원인 규명, 해결안 도출 등 여러 용도로 사용할 수 있다. 그러니 사용 목적을 분명히 해야 한다.
- MECE 원칙을 충족시키려면 먼저 전체 집합을 명확히 하는 것이 중요함.
  - 전체 집합이 명확하지 않으면 MECE를 충족시킬 수 없다.
  - 명확한 용어를 사용하여 전체 집합을 정의하고, 자신이 보고자 하는 대상을 명확히 해야 한다.
- 분류된 가지들의 레벨을 맞추는 것도 중요함.
  - 분류된 레벨의 비중이 심하게 틀릴 경우 왜곡된 로직트리가 된다.

> – 가지마다 분류되는 정도가 심하게 틀려지면 원점으로 돌아가 최초 가지의 레벨이 맞는
>   지 체크해봐야 한다.
> • 어느 단계까지 분류할 것인가를 명확히 판단해야 함.
> – 더 이상의 세분화가 불가능할 때까지 분류해야 하나, 어느 단계에서 중지할 것인지에
>   대해서는 구성원들의 합의가 필요하다.
> • 가장 중요한 것은 의미(전략적·분석적 의미)가 있는 로직트리를 만드는 것임.
> • 이미 작성된 로직트리 사례로 연습해보고, 이를 잘 활용함.

다. 핵심 문제 선정

문제가 도출되었으면, 그 도출된 문제의 우선순위를 정한 후 핵심 문제를 선정한다. 우리가 문제를 평가하는 행위의 기반에는 '2 대 8의 법칙' 혹은 '파레토의 법칙'이 존재한다. 즉, 핵심 문제를 해결한답시고 도출된 문제를 모두 제거할 필요는 없다는 의미다.

파레토의 법칙에 의하면 20퍼센트의 핵심 문제가 80퍼센트 정도의 영향을 전체에 미친다. 그러니 모든 문제를 제거하기보다 20퍼센트의 핵심 문제를 제거하는 것이 더 효과적이다. 그렇게만 해도 전체 문제의 80퍼센트는 해결되기 때문이다. 아울러 모든 문제를 제거하려고 할 경우 효과에 비해 많은 비용과 시간이 소요된다.

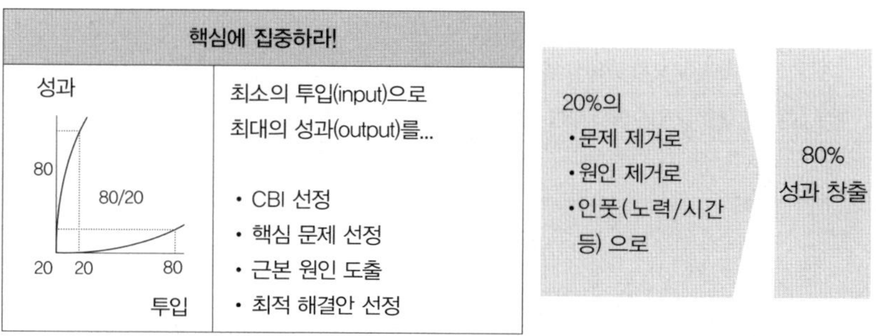

아울러 평가를 할 때는 평가 요소별 비중을 고려하여 평가하며, 평가 요소에 따라 구체적인 가이드라인(Guide Line)을 수립한 후 평가표에 의거하여 평가하는 것이 바람직하다. 이에 대해서는 바로 아래의 치명도 평가표를 참조하라.

문제 우선순위 평가 및 핵심 문제 선정

- 문제점의 예시(객관화: 목표 수준과 현재 수준의 GAP 기술) : 수율이 1.3% 미달되고 있음.
- 평가 가이드 예시(치명도)

도출된 문제	측정 지표 (단위)	목표	현상	GAP (문제)	치명도 40%	발생도 20%	감지도 25%	확대성 15%	핵심 문제	순위
수율 미달	수율 (%)	94.3	93.0	1.0	5	5	5	5	500	1
누출 불량 발생	누출 불량률(%)	1.22	1.43	0.21	4	4	3	4	375	7
검사 공정 CAPA 부족	CAPA (K)	120	107	13	5	4	3	4	415	2
개발 모델 바이어 샘플 전달 일정 지연	지연 일수 (일)	0	7	7	4	3	4	1	335	12

← (핵심 문제) 수율이 1.3% 미달되고 있음

← (핵심 문제) 검사 공정 CAPA가 13 부족함

치명도	기준	점수
매우 높음	안전에 영향을 미침	5
높음	동작 불능	4
보통	성능 저하	3
낮음	불편을 느낄 정도의 불량	2
매우 낮음	불편을 인식하지 못함	1

파레토의 법칙(2 대 8의 법칙)

이탈리아의 경제학자 겸 사회학자 빌프레도 파레토(1848~1923)는 한 나라의 부(富)의 80퍼센트를 인구 중 20퍼센트에 불과한 부자들이 장악하고 있다고 주장했다. 아울러 사회·경제 시스템에서 20퍼센트의 핵심 인물(요인)이 영향력 중 80퍼센트를 발휘하고 있음을 발견했다. 예를 들면 20퍼센트의 주요 고객의 구매량이 백화점 전체 매출의 80퍼센트를 차지하고, 20퍼센트의 핵심 인재가 기업 성과의 80퍼센트를 일구어내며, 지인들 중 20퍼센트가 내가 받는 전화의 80퍼센트를 걸었고, 20퍼센트의 핵심 부품이 기계가 일으키는 문제 중 80퍼센트의 원인임을 밝혀낸 것이다.

라. 문제 분석에 대한 코치의 효과적인 질문 예시

» 기대와 달리 차이가 발생한 부분은 어떤 부분인가?

» 현재 무슨 일이 일어나고 있는가?

» 고객의 입장은 무엇인가?

» 이러한 일은 자주 발생하는가?

» 이 상황에는 누가 관련되어 있나?

» 이러한 문제가 발생했을 때 가장 많이 타격 받는 곳은 어디인가?

» 문제가 발생했을 때 정보를 공유하는 채널은 있는가?

» 그들은 이 문제를 어떻게 인식하고 있는가?

» OO에 관해 좀 더 구체적으로 설명해주겠나?

» 이 문제에 대한 당신의 입장은 무엇인가?

» 이와 유사한 문제에 직면했을 때 당신은 어떤 느낌을 받았나?

» 당신의 업무 목표는 무엇이었나?

» 당신이 이루고 싶은 것은 무엇인가?

» 업무는 계획대로 추진되고 있는가?

» OO의 불량률 개선 방안은 어떻게 실행되고 있는가?

» A사와의 협력 방안은 어떻게 진행되고 있는가?

» B사의 요청 사항은 무엇이었나?

» 당신이 하고 있는 일이 다른 사업부에는 어떤 영향을 미치는가?

» OO 제품 개발은 언제쯤 완료될 예정인가?

» 마케터 육성은 어떻게 진행되고 있는가?

» 새로 출시한 제품에 대한 고객들의 반응은 어떤가?

» 허리디스크 수술 후 예후는 어떤가?

(1) 원인 분석

원인 분석 프로세스

	원인 도출	근본 원인 선정
정의	• 문제를 일으킨 원인을 도출. • 문제가 큰 경우에는 원인을 작은 단위로 세분화하는 작업을 실시.	• 파레토의 법칙에 따라 효과와 실행 가능성이 큰 부분을 핵심 원인으로 선정.
방법 (Tool)	• 와이트리(Why Tree) • 어골도(Fishbone Diagram) • 5WHY • 브레인스토밍	• 상대 평가 • 절대 평가
성과 (Output)	• 도출된 원인 • 와이트리 • 어골도	• 평가 현황 • 근본 원인

원인 분석은 문제를 일으킨 요인이 무엇인지 파악하고 분석하는 과정이다. 원인이 파악되어야 문제의 해결안을 쉽게 도출할 수 있다. 해결안 도출은 문제를 일으킨 원인을 어떤 방법으로 제거할 것인지 아이디어를 도출하는 과정이기 때문이다.

원인 도출 방법 (A)

– 대상: 초급, 문제 해결 프로젝트 경험이 없는 클라이언트

– 시기: 복잡하지 않고 단순한 문제에 대한 원인 분석 시

– 방법: 핵심 문제의 발생 요인이라고 생각되는 원인을 열거

발상 기법에 의한 원인 도출

원인 열거	원인 검토	MECE 체크	원인 도출 확정
• 브레인스토밍 및 6/5/3법을 활용하여 원인을 열거함.	• 불명확한 원인을 제거하고 도출된 원인의 레벨(Level)을 조정함.	• 누락이나 중복이 없는지 체크함.	• 최종 검토 후 완료.

원인 열거

1. 역량 부재	5. CAPA 부족
2. 설비 미흡	6. 원자재가 상승
3. 원가 상승	7. 핵심 자산 부재
4. 혁신 마인드 부재	8. 동기 부여 미흡

원인 검토

1. 역량 부재
2. 혁신 마인드 부재
3. CAPA 부족
4. 원자재가 상승

MECE 체크/확정

1. 역량 부재
2. 혁신 마인드 미흡
3. CAPA 부족
4. 원자재가 상승

첫 번째 단계에서는 핵심 문제를 일으킨 요인을 열거한다.

두 번째 단계에서는 도출된 원인 중 불명확하거나 '원인이라고 판단

되지 않은' 요인은 제거하거나 정리하고, 도출된 원인들의 크기가 유사한지 체크한 후, 레벨(Level)이 맞지 않으면 레벨을 맞춘다. 원인이 너무 크면 좀 더 작게 나누고, 원인이 너무 작으면 좀 더 크게 조정한다.

세 번째 단계에서는 MECE의 원칙에 따라 누락이나 중복이 없는지 검토한 뒤, 중복된 것은 제거하고 누락된 것은 추가한다.

마지막 단계에서는 핵심 문제를 일으킨 원인이 모두 도출되었는지 다시 한 번 체크한 후 원인 도출을 확정한다.

원인 도출 방법 (B)

- 대상: 중고급, 문제 해결 프로젝트 경험이 있는 클라이언트
- 시기: 복잡한 문제의 원인을 구체적으로 규명 시
- 방법: 로직트리(Logic Tree)와 어골도(Fishbone Diagram) 같은 도구들을 활용

와이트리(Why Tree, 원인 분석용 로직트리) 작성 방법은 문제 분석 로직트리 방법과 유사하다. 허나, 문제 분석이 문제를 명확히 규명하기 위해 문제를 작은 단위로 나누어 보는 작업이라면, 원인 분석은 핵심 문제에 대해 5WHY 분석법을 이용하여 그 문제가 왜 발생했는지 꼬리에 꼬리를 무는 원인을 지속적으로 밝혀내는 과정을 말한다.

원인 도출이란 [누출 불량이 과다하게 발생
한 이유는 "생산 현장 시스템의 부재"와 "연
구소 역량 미흡"때문이며, 생산 현장 시스
템 부재는 생산 공정 불안정과 설비의 부족
때문임]과 같이 원인 파악을 지속적으로 하
위 전개해나가는 과정이다.

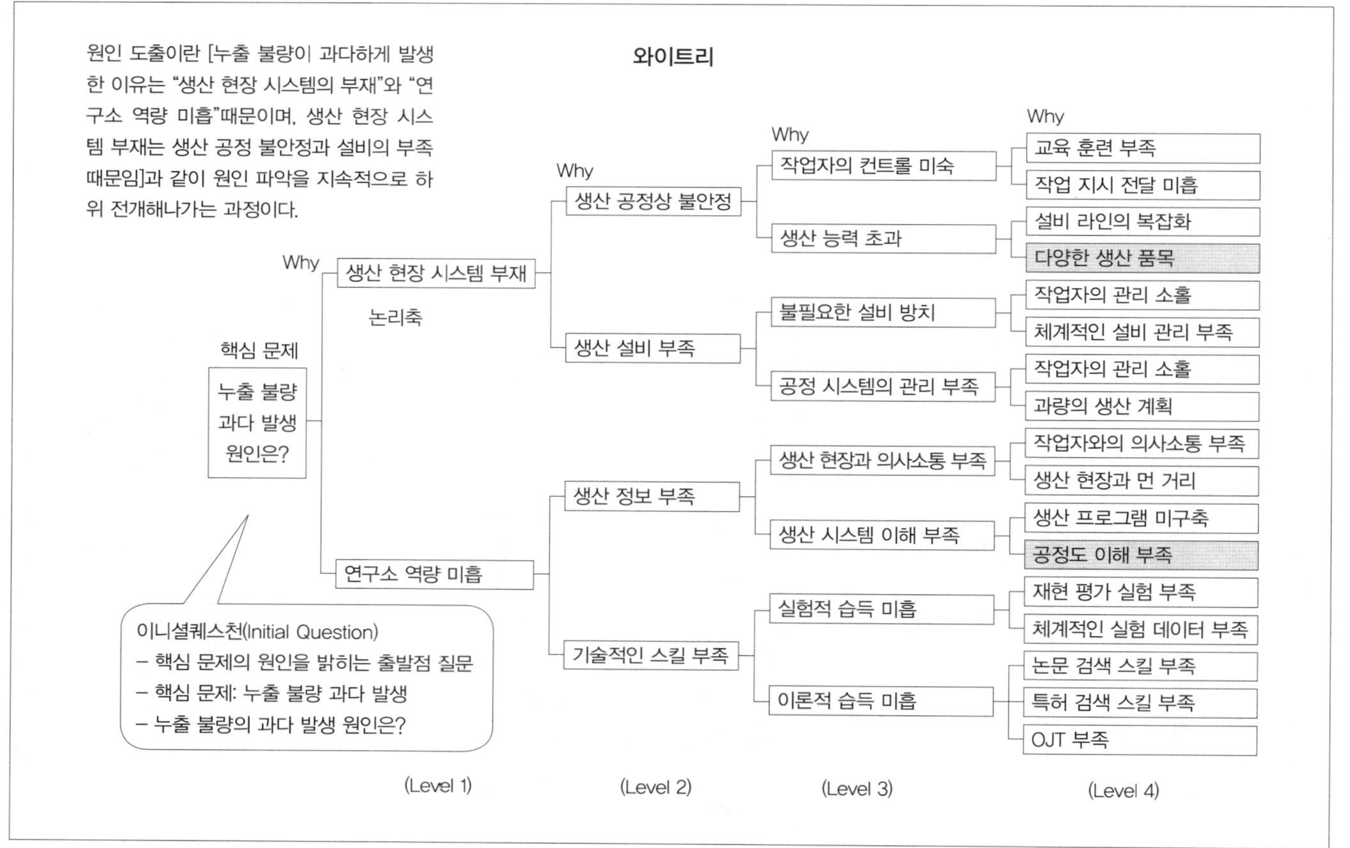

원인 분석 로직트리 작성 절차는 다음과 같다.

첫 번째 단계에서는 이니셜퀘스천(Initial Question)을 기술한다.

두 번째 단계에서는 분류 기준에 의거하여 논리축을 설정한다.

세 번째 단계에서는 인과 관계를 하위 전개한다. 하위 전개는 더 이상의 세분화가 불필요하다고 판단될 때 종료한다.

마지막으로 작성된 로직트리를 검증 절차에 따라 검증해 완성한다.

원인 분석 로직트리 작성 절차

이니셜퀘스천 기술	• 분석의 대상과 범위를 명확히 하기 위해 주어와 술어의 형태로 기술함. • 로직트리 작성 목적에 따라 설정함.
분류 기준 설정	• 예) 분류 기준이 "기술"인 경우: S/W ↔ H/W 　　 "직무"인 경우: 연구 기획 ↔ 기술 기획
논리축 선정	• MECE 원칙에 따라 논리축을 설정하며, 논리축을 어떻게 선정하느냐에 따라 하위 전개의 성패가 달려 있을 만큼 중요함. • 논리축 하나하나에 대해 모두 분류함.
하위 트리 작성	• 하위 전개 가짓수는 반드시 두 개 이상이어야 함. • 최종 분류한 것들이 테마와 관련된 원인 전체를 포함하는가?
검증/완료	• 동일 레벨(Level) 간 MECE한가? • 전후의 인과 관계는 명확한가?

(2) 근본 원인의 선정

근본 원인을 선정하는 이유도 핵심 문제를 선정하는 이유와 같다.

가장 마지막 레벨(위의 사례에서 Level 4)에 도출된 원인을 평가 대상으로 하여 평가한다. 근본 원인을 얼마나 선정할 것인가는 양의 문제가 아니다. 문제에 그 원인이 영향력을 얼마나 미치는가로 결정된다.

예를 들어 열 개의 원인이 도출되었다고 하자. 파레토의 법칙에서는

20퍼센트의 근본 원인을 도출하는 것이 중요하다고 했다. 그러나 근본 원인을 선정하는 작업은 열 개 중 두 개를 기계적으로 선정하는 것이 아니다. 근본 원인은 하나일 수도 있고, 두 개일 수도 있으며, 그 이상일 수도 있다. 왜냐하면 파레토의 법칙에서 '20퍼센트'는 양의 문제가 아니라 영향력의 문제이기 때문이다.

근본 원인 평가를 비롯한 모든 평가는 파레토의 법칙을 따른다. 이는 파레토의 법칙이 최소 투자 대비 최대 효과의 법칙이기 때문이다.

근본 원인 선정

원인	우선순위 평가				종합 점수	순위
	효 과	실행 가능성	위험	기 타		
교육 훈련 부족	4	4	5		13	2
작업 지시 전달 미흡	2	3	4		9	4
설비 라인 복잡	4	3	4		11	3
다양한 생산 품목	5	4	5		14	1

원인 분석에 대한 코치의 효과적인 질문 예시

>> 문제가 발생하게 된 원인을 제공한 사람은 누구인가?

>> 어떤 이유로 그 일이 발생했나?

>> 이 문제의 가장 큰 원인은 무엇인가?

>> 왜 사람들은 이것을 가장 큰 원인이라고 생각하는가?

>> 이 원인을 제거하면 문제는 없어지는가?

>> 이 원인을 제거했을 때 얻을 수 있는 이익은 무엇인가?

» 이 원인을 방치하면 어떤 일이 발생하나?

» 이 원인 이외에 다른 원인은 없는지 충분히 살펴보았는가?

» 이 원인을 제거했을 때 나타나는 역기능은 없는가?

문제-원인-해결 방안-실행 계획의 의미(예시)

» 문제란 바라는 기대치, 즉 목표와 현상과의 차이를 말한다.

» 원인이란 문제를 일으킨 요인을 말한다.

» 해결 방안이란 문제를 일으킨 요인을 어떤 방법으로 제거할 것이 지 아이디어를 도출해 내는 과정이다.

» 실행 계획(Action Plan)이란 최적의 해결 방안을 언제 그리고 누구 와 어떻게 실행할 것인지를 계획하는 것이다.

문제	몹시 배가 아픔		
원인	• 과식(근본 원인) • 과음 • 부패된 음식 섭취 • 맹장염 • 사촌이 땅을 사서 • 맞아서 • 상처가 나서		
해결 방안	• 식사 횟수를 늘림(3회 → 5회) • 맛없는 반찬을 준비 • 위 절제(채택안)		
실행 계획	1. 병원 조사 2. 수술비 준비 3. 병원 결정 4. 의사 진단	5. 입원 준비 6. 수술 동의 7. 위 절제 수술 8. 중환자실 입원	9. 일반 병실 이동 10. 회복 11. 퇴원 수속 12. 퇴원

(3) 확대 질문

확대 질문은 문제 해결 그 자체에 직접적으로 연관되는 질문이라기보다는, 문제가 해결되지 않고 확대되었을 때 클라이언트 자신이나 주위에 어떤 결과를 미치는지 스스로 인식하게 하여 문제 해결의 중요성을 깨닫게 하는 과정이다. 확대 질문의 사례는 다음과 같다.

> 이 문제를 그냥 두면 시간이 갈수록 어떻게 될 것 같은가?

> 그리고 그것은 당신에게 어떤 영향을 미치겠는가?

> 또한 당신이 속한 조직에는 어떤 결과를 낳겠는가?

> 이 문제가 다른 사업부에까지 나쁜 영향을 미치게 된다면, 당신은 어떤 생각이 들겠는가?

> 이러한 상황을 해결하지 못하면 앞으로 본인에게 많은 어려움이 생기지 않겠는가?

> 내가 듣기론 이와 같은 문제를 반복하여 일으키고 있다던데, 맞는 말인가?

> 이러한 문제가 반복되면 궁극적으로 가족들에게 어떤 영향을 미치겠는가?

> 어떤 문제로 인하여 개인적으로 큰 어려움을 겪은 적은 없는가?

(4) 해결안 개발

해결안 개발이란 문제가 일어나게 된 근본 원인을 효과적으로 제거할 수 있는 최적의 아이디어를 도출하는 과정이다. 해결안을 효과적으로 도출하려면 고정 관념을 타파하고 창의적 발상을 해야 한다.

해결안 개발 절차

	해결안 도출	해결안 평가 및 선정
정의	• 근본 원인을 제거할 수 있는 최적의 해결안을 도출함	• 도출된 해결안 중 실행 계획을 세울 해결안을 선택하기 위한 준거를 선정하여 최종 해결안을 선정함
방법 (Tool)	• 브레인스토밍 • 패러다임 전환(Paradigm Shift) • TWIST-O 등	• 교차(Cross) 우선순위 평가법
성과 (Output)	• 아이디어 • 해결 방안	• 평가 결과 • 최적 해결안

해결안 개발 방법 (A)

– 대상: 초급, 문제 해결 프로젝트 경험이 없는 클라이언트

– 시기: 복잡하지 않고 단순한 원인에 대한 해결 방안 도출 시

– 방법: 브레인스토밍, 브레인라이팅 등 아이디어 발상 기법을 활용하여 원인을 제거할 수 있는 창조적 아이디어를 도출

첫 번째 단계에서는 브레인스토밍, 결점 열거법, TWIST-D, 알렉스 오스본이 고안한 체크리스트법 등 아이디어 발상 기법을 활용하여 문제를 일으킨 원인을 제거하기 위한 아이디어를 도출한다.

두 번째 단계에서는 도출된 아이디어 중 유사한 것은 통합하고, 너무 큰 아이디어는 좀 더 작은 단위로 나누며, 문제 해결에 도움이 되

지 않는 아이디어는 제거한다.

세 번째 단계에서는 MECE의 원칙에 입각하여 아이디어가 누락되거나 중복되지 않았는지 검토해보고 최종적으로 해결안을 확정한다.

발상 기법에 의한 원인 도출

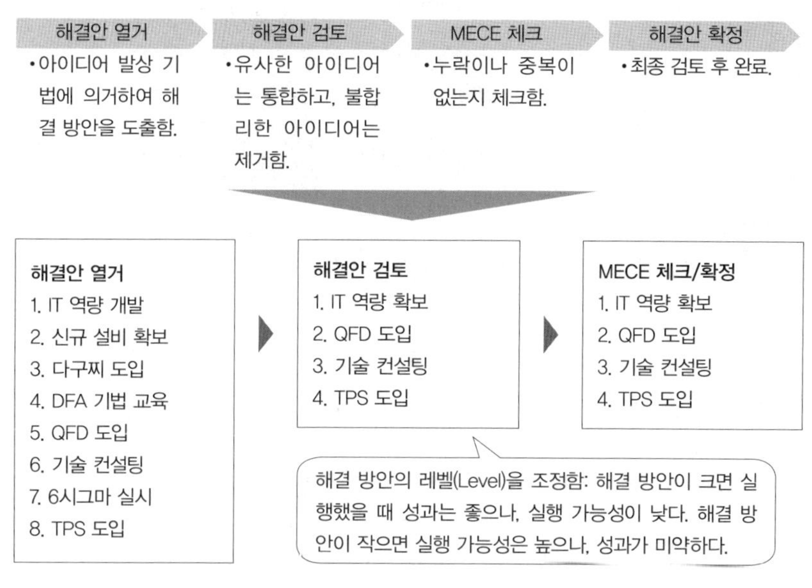

해결안 개발 방법 (B)

- 대상: 고급, 문제 해결 프로젝트 경험이 있는 클라이언트

- 시기: 창의력을 필요로 하는 복잡한 문제에 대한 해결안 도출 시

- 방법: 브레인스토밍과 브레인라이팅 등 아이디어 발상 기법을 활용하여 하우트리(How Tree, 해결안 도출용 로직트리)를 작성한다.

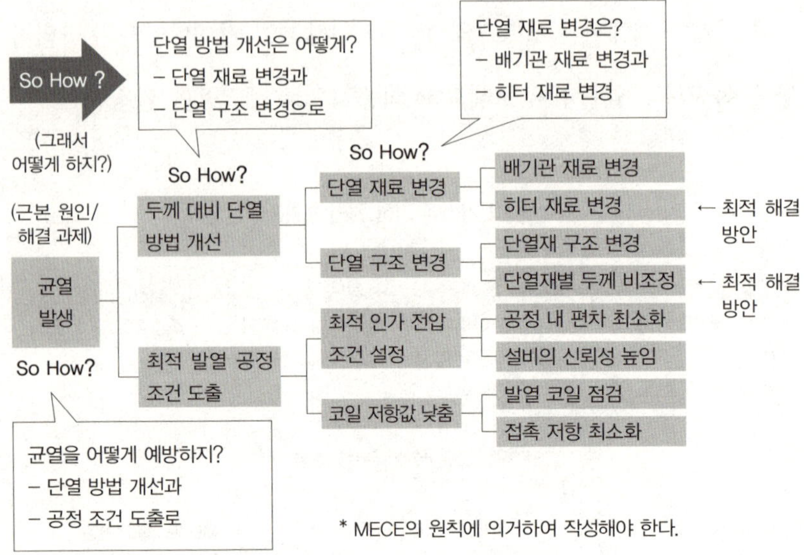

첫 번째 단계에서는 근본 원인을 제거할 방법을 명확화한다.

두 번째 단계에서는 독창적이고 창의적이며 혁신적인 해결 방안을 도출한다.

세 번째 단계에서는 아래의 '해결안 도출을 위한 체크포인트(Check Point)'에 따라 몇 가지 사항을 검증해보고, 미흡한 부분을 보완하여 해결 방안을 확정한다.

해결안 도출의 체크 포인트

- 고객의 니즈가 충분히 반영되었는가?
- 실행 조직, 특히 현장의 아이디어는 충분히 반영되었는가?
- 문제의 근본 원인을 제거할 수 있는가?
- 일상 업무상의 개선안과 차별점은 무엇인가?
- 베스트 경쟁사와 해결안의 차별점은 무엇인가?
- 해결안이 실행되면 활동 초기의 목표가 달성되는가?

혁신적인 해결안을 도출하려면 현상을 부정하고, 희망 사항을 열거해보며, 다양한 관점에서 아이디어를 도출해야 한다. 이 단계에서는 실행 가능성은 염두에 두지 않고, 의당 있어야 할 바람직한 미래의 모습을 그리면서 해결 아이디어를 도출한다. 실행 가능성을 너무 많이 염두에 두고 아이디어를 도출하게 되면, 실행 가능성이라는 조건에 묶여 그 테두리 안에서만 생각하게 된다. 그렇게 되면 창의적이고 혁신적인 방안이 도출되지 않는다. 실행 가능성 여부는 해결안이 모두 도출된 뒤 평가를 통해 판단하면 된다.

해결안 도출에 대한 코치의 효과적인 질문의 예시

　》 이제까지 당신은 어떤 노력을 기울였나?

　》 당신은 창의력 훈련을 받은 경험이 있나?

　》 있다면 어떤 창의력 기법을 알고 있나?

　》 이와 유사한 문제를 해결한 경험이 있나?

　》 이 문제를 가장 이상적으로 해결하려면 어떻게 해야 하나?

» 그렇게 하기 위해 당신은 어떤 일을 해야 하나?

» 그렇게 할 때에 당신에게 어떤 어려움이 있을 것인가?

» 그리고 이 문제가 해결되면 당신에게 어떤 이득이 있을까?

» 내가 어떤 일을 도와주면 좋겠는가?

» 그리고 누가 함께하면 좋겠는가?

마. ASK의 사례

사업부장: 그러면 김 과장! 팀장과의 관계는 내가 해결하겠네. 일단 T.F.T에 관해 내가 김 과장에게 하고 싶은 이야기가 있고, 또 김 과장의 의견도 좀 듣고 싶군. 그러니 이야기를 좀 더 해주면 좋지 않겠나?

김 과장: 예, 무슨 말씀이신지요?

사업부장: 그러니까 이번 T.F.T 활동의 테마를 어떻게 선정하면 좋겠는가, 이 말일세? 김 과장이 생각해둔 테마가 있나?

김 과장: 예, 그 동안 김 대리, 조 과장과 함께 3C/FAW 분석을 해봤습니다. 그래서 테마 후보안을 다섯 개 도출했지요. 저희 의견이 일치를 본 것은 '클레임율 0.5퍼센트 저감을 위한 커넥팅로드 품질 개선'이었습니다. 이것을 테마로 선정해볼까 합니다만, 사업부장님 생각은 어떠신지요?

사업부장: 참 잘 선정했네. 자네도 잘 알겠지만, 우리 경쟁사인 G사, K사, F사의 커넥팅로드 불량률은 0.03퍼센트 정도지. 이번 프

로젝트의 불량률 개선 목표는 얼만가?

김 과장: 작년보다는 0.02퍼센트 향상된 0.07퍼센트입니다.

사업부장: 왜 우리가 경쟁에서 밀린다고 보나?

김 과장: 그야…, 고객 만족도가 떨어져서가 아니겠습니까?

사업부장: 그렇지. 그러면 고객 만족도가 떨어지는 이유는 아나?

김 과장: 우리 제품의 핵심 부품인 커넥팅로드의 품질 문제 때문이라고 생각합니다.

사업부장: 맞아. 그럼 김 과장은 커넥팅로드 불량률 0.07퍼센트로 고객을 만족시킬 수 있다고 생각하나? 사내·외 전문가들이 분석해보니 0.02퍼센트는 되야 경쟁 우위를 확보할 수 있다더군. 김 과장은 어떻게 생각하나?

김 과장: 저도 공감합니다. 헌데 우리 자원과 역량으론 불량률을 0.02퍼센트까지 낮추는 건 불가능하지 않을까요?

사업부장: 그러면 김 과장. 불량률을 0.07퍼센트로 낮춘다면, 우리 제품의 미래는 어떻겠나?

김 과장: 경쟁에서 밀리겠지요.

사업부장: 그렇다면 이대로 있으면 어찌될까?

김 과장: 그야…, 시장을 더 많이 뺏기겠지요.

사업부장: 그렇지. 그렇게 되면 우리 사업부는 어떻게 되겠나?

김 과장: 상황이…, 급속히 나빠지겠지요.

사업부장: 그렇게 생각하나? 그렇다면 김 과장에게는 어떤 영향이 미칠

것 같나?

김 과장: IMF 때처럼 보너스는커녕 구조 조정 대상이 되겠지요.

사업부장: 그렇다면 김 과장은 이 문제를 어떻게 해결하겠는가? 사업부가 어려워지는걸 보고만 있다가 사업부도 우리도 아주 어려워지는 게 좋겠나? 아니면 지금 힘이 들고 불만스러워도 해결을 위해 앞장서야 된다고 생각하는가?

김 과장: 사업부장님, 그동안 제가 잘못 생각했습니다.

사업부장: 그거야 무리하게 일하도록 강요를 받는다고 생각하니까 그랬겠지, 평소 같으면 그럴 사람이 아니잖아, 자네…. 자네가 생각을 그렇게 바꿔주니 고맙구먼. 그러면, 김 과장! 앞으로 어떻게 하면 좋을까?

김 과장: 현재 우리 제품의 불량률이 경쟁사 것보다 더 높으니, 원인을 철저히 규명하고 해결 방안을 수립하겠습니다. 15일 정도 시간을 주시면 내부 분석팀을 구성하여 철저히 규명하겠습니다.

(15일 후 코칭룸)

사업부장: 밤늦게까지 프로젝트를 진행했다고 들었네. 고생 많았어, 김 과장!

김 과장: 몸은 피곤했지만 불량 발생의 근본 원인을 찾았으니 즐겁고 흥미로웠습니다. 와이트리(Why Tree)로 분석했더니, 커넥팅로

드의 불량 원인이 두 가지더군요. 첫째는 A핀의 지름이 0.7미리는 되야 하는데, 우리 제품은 0.55미리였습니다.

사업부장: 하중을 견디지 못하고 쉽게 마모됐겠군.

김 과장: 예, 그렇습니다. 둘째는 작업자가 작업 지도서에 따라 구배 부분은 R5로 절삭을 해주어야 하는데, 이를 지키지 않은 겁니다. 이 두 가지 원인만 제거하면 커넥팅로드의 품질은 확실히 보장할 수 있을 겁니다.

사업부장: 그러면 불량 발생 원인인 A핀의 지름 개선과 절삭 방법 개선은 어찌해야 할까?

김 과장: 예, A핀의 지름 개선은 먼저 사양을 0.7미리로 바꾸고, 금형 제작 작업도 동시에 이루어져야 합니다. 그리고 절삭 문제는 작업자를 재교육하면 됩니다.

사업부장: 좋아, 한번 해보자고, 김 과장!

5. COMMITMENT

이 단계에서는 코치의 지식과 경험을 바탕으로 클라이언트가 제시한 해결안이 가져올 긍정적인 측면과 부정적인 측면을 동시에 생각하도록 하는 과정이다. 그럼으로써 도출된 해결안을 평가하고 우선순위를 정하게 하는 단계다.

가. 요점

» 클라이언트가 제시한 해결안에 대해 자신의 경험을 토대로 진솔하게 피드백한다.

» 구체적이고 실제적인 예를 들어 설명한다.

» 클라이언트가 제시한 해결안에 대해 평가적이고 단정적인 용어를 사용하지 않는다.

» 코치는 객관적인 자세를 유지하며, 스스로 추가적인 해결책을 내지 않도록 한다.

» 코치의 생각을 강요하지 않도록 특히 주의하며, 쌍방향 의사소통을 통해 해결안이 가지고 있는 잠재적 위험 요인과 문제 발생 시의 심각성을 구체적으로 예견한다.

» 충고나 해결 방안을 제시하기보다는, 클라이언트 스스로 의사 결정을 하도록 분위기를 조성한다.

» 각 대안이 갖는 장점과 단점을 함께 고민한다.

» 의사 결정에 필요한 기준을 선정하고, 각 대안을 평가 기준(평가 요소)에 따라 평가하게 한다.

» 우선순위에 따라 최적안을 결정하게 하고, 클라이언트가 바람직한 의사 결정을 할 경우 지지하고 격려한다.

COMMITMENT 요령

구체적일 것

초점이 정확할 것

적절한 시기

목표지향적

비평가적

쌍방향 의사소통

한정적

나. 해결안 평가

해결안 중 채택 또는 불채택을 판단하기 위한 것이다. 평가 요소는 세 개에서 다섯 개까지가 적절하다. 주관을 배제하고 객관적인 평가를 하기 위해 관계자는 물론 비전문가도 참여시켜 평가하는 것도 좋은 방법이다. 해결 과제의 목적이나 성격에 따라 평가 요소별로 가중치를 부여하여 평가하는 방법도 있다.

해결안 평가 및 선정 예시

해결안	평가 기준			점수	순위	채택
	효과	실행 가능성	긴급성			
배기관 재료 변경	2	4	1	7	7	불채택
히터 재료 변경	5	4	4	13	1	채택
단열재 구조변경	3	3	4	10	3	불채택
단열재 두께 비율 조정	4	5	3	12	2	채택
공정 편차 최소화	2	5	1	8	6	불채택
설비 신뢰성 재고	2	3	1	6	8	불채택
발열 코일 점검	5	2	2	9	5	불채택
접촉 저항 최소화	4	3	3	10	3	불채택

다. 해결안 실행 우선순위 결정

비즈니스 코칭 중 집단 코칭이 아니라 1 대 1 코칭의 경우 클라이언트 1인이 여러 가지 해결 방안을 동시에 실행할 수는 없다. 집단 코칭의 경우에도 해결 과제의 범위나 실행상의 난이도에 따라 동시에 실행하기 어려운 경우가 있다. 또한 기업이 보유하고 있는 자원의 한계 때문에 채택된 해결 방안을 동시에 실행할 수 없는 경우가 많다.

이런 경우에 어떤 채택안을 먼저 실행하고 어떤 채택안을 나중에 실행할지 우선순위를 정하는 절차가 필요하다. 이때 흔히 사용하는 도구가 바로 크로스 매트릭스(Cross Matrix)법이다. 크로스 매트릭스의 평가 방법은 다음과 같다.

평가 요소별로 도출된 해결 방안을 교차[Cross] 평가하여 그중 높은 점수를 얻은 아이디어는 1점, 낮은 점수를 얻은 아이디어는 0점으로 처리해 합산한다. 즉, 점수의 크기에 따라 우선순위를 정하는 방식이다. 물론 점수가 높은 아이디어에 대한 실행 계획을 수립하여 실행하면 된다.

크로스 매트릭스 평가 예시

해결안	히터 재료 변경	접촉 저항 최소화	배기관 재료 변경	점수	우선순위
히터 재료 변경	1	1		2	1
접촉 저항 최소화	0	0		0	3
배기관 재료 변경	0	1		1	2

- 평가요소 : 효과, 실행 가능성, 중요성, 긴급성 등
  - 효과 : 좋게, 빠르게, 저렴하게, 안전하게 등 일의 성과
  - 실행 용이성 : 법규, 제도, 문화, 비용 등 실행 난이도

라. COMMITMENT에 대한 코치의 효과적인 질문 예시

> » 이 해결 방안이 실행되었을 때 기대되는 효과는 무엇인가?

> » 이 아이디어의 잠재적인 위험 요인은 없나?

> » 이 아이디어가 실행될 경우 예상되는 역기능은 없나?

> » 이 아이디어를 실행함에 있어 어려움은 없겠는가?

> » 이 해결 방안 이외에 제3의 대안은 없나?

> » 추가적인 아이디어는 없나?

> » 무엇을 평가 요소로 하는 것이 바람직하겠는가?

> » 평가 요소별 비중은 얼마로 하는 것이 합당하겠는가?

마. COMMITMENT의 사례

사업부장: 그러면 A핀의 지름을 0.55미리에서 0.7미리로 늘리면 커넥팅 로드의 기능에 악영향을 미칠 부분이 없겠나?

김 과장: 현재로선 별다른 문제는 없으리라 판단하고 있습니다.

사업부장: 내가 대리 때였지. 이와 비슷한 문제로 고민을 하다가 외부 전문가의 도움으로 문제를 해결했네. 3D 시뮬레이션을 한번 해 보는 게 어떨까 싶네. 김 과장의 생각은 어떤가?

김 과장: 예, 좋은 생각입니다. 미처 그 부분은 생각 못했습니다.

사업부장: 다른 부서로 옮기고 싶다던 김 과장이 이렇게 적극적으로 프로젝트에 참여하니 대견스럽고 믿음이 가는군.

김 과장: 과찬이십니다. 당연히 해야 할 일 아닙니까. 송구스럽네요.

6. HELPING

이 단계에서는 클라이언트로 하여금 도출된 해결안에 대한 액션 플랜(Action Plan, 실행 계획)뿐만 아니라 팔로업 플랜(Follow-up Plan, 후속 계획)을 수립하게 하고, 실행에 대한 강한 자신감과 의지를 갖게 하며, 실행력을 높이도록 하는 단계다.

가. 요점

> » 코치는 클라이언트의 장점만 본다.

> » 코치는 솔직하고 진지하게 클라이언트를 칭찬한다.

> » 클라이언트에 대한 강한 동기를 불러 일으킨다.

> » 코치는 듣고 또 들어야 한다.

> » 코치는 클라이언트와 절대 논쟁하면 안 된다.

> » 코치 자신이 잘못했으면 그것을 인정한다.

> » 긍정적으로, 낙관적으로 생각한다.

» 코치는 클라이언트를 수시로 모니터링하고, 장애 요인이 발생하면 클라이언트의 의견을 충분히 들어준다.

나. 액션 플랜 수립

간트 차트(Gantt Chart)를 활용하여 구체적인 실행 계획을 수립하는 단계다. 코치는 세부 실행 계획에 따라 클라이언트가 체계적으로 실행할 수 있도록 지지하고 격려한다. 또한 클라이언트를 지속적으로 모니터링하여 버틀넥(bottleneck, 장애 요인)이 발생하면 클라이언트가 이를 해결할 수 있도록 도와준다.

실행 및 팔로업 절차

	실행 계획 수립	실행 및 팔로업	
정의	• 최종 해결안을 실행하기 위한 구체적 계획을 수립함 – 계획 수립 준거 확정 – 계획안 도출 – 잠재적 문제에 대해 고려	• 실행 계획을 직접 실시 – 실행 및 모니터 – 평가 데이터 수집 • 실행 결과에 대한 평가를 통한 팔로업 정의	
방법 (Tool)	• 간트 차트 • PERT • 컨틴전시 플랜(Contingency Plan)	• 모니터링 • 동기 부여 • 가능하게 하기(facilita-ting)	• 표준화 • 매뉴얼화 • 강의 기법

액션 플랜을 처음 수립하는 절차는 다음과 같다.

첫째, 단계별[준비(Plan) → 실행(Do) → 결과 평가(See)]로 세부 실행 계획을 구체적으로 기술한다.

둘째, 액티비티(Activity)별로 협조가 필요한 경우 이해관계자를 선정한다. 이해관계자는 반드시 개별화[기술팀(X), 홍길동(O)]해야 한다. 왜냐하면 개별화하지 않고 'OO팀'이라고 명시할 경우, 그 팀의 어느 누구도 그 일에 관심을 기울이지 않기 때문이다.

셋째, 액티비티별로 추진 일정을 수립한다. 추진 일정에서는 반드시 시작일과 종료일이 명확해야 한다.

액션 플랜 예시

해결안: R&D 육성 체계 수립

세부 실행 계획		이해 관계자	추진 일정			채택 여부
			6월	7월	8월	
준비 (Plan)	1. 육성 방향 수립	박성훈	→			
	2. 니즈 조사 실시	김소현				
	3. 육성 계획 수립 초안 작성	박성훈	→			
	4. 관련 부문 협의	박기린	→			
	5. S.M.E 선정	조영래				
실행 (Do)	1. 워크숍 실시	박성훈	→			
	2. 핵심 성과 두출	박성훈	→			
	3. 역량 도출	박성훈	→			
	4. 핵심 능력 규명	김소현	→			
	5. K,S,A 도출	홍지훈		→		
	6. R&D 육성 체계 기본안 도출	박성훈			→	
	7. 진단/검증	이승규			→	
	8. 육성 체계 최종안 도출	조영래				
	9. 실행 매뉴얼 배포	김재훈				
	10. 개발 실행 계획 수립 및 실행	박상천				
결과 평가 (See)	1. 부서별–개인별 실행 결과 평가	박성훈y			→	
	2. 실행상 문제점 및 개선 방안 도출	이승규y			→	

다. 팔로업 플랜 수립

팔로업 플랜을 수립하여 관리해야 하는 이유는 코치가 클라이언트의 실행력을 높이고, 클라이언트 스스로 동기 부여를 하게끔 하는 데 있다. 또한 문제가 발생하면 클라이언트가 코치의 지원을 받아 계획된 일정 내에 해결 방안이 실행될 수 있도록 하는 데 있다.

팔로업 플랜의 예시

해결안	Activities	이해관계자	피드백 체널	Motoring					달성 여부	비고
				D+30	D+60	D+90	측정 지표	방법		
1. 히터 재료 변경	1. 현 히터 코일의 특성 분석	이명규	지현구	7.31			고객 만족도	고객에게 변경 결과를 설명하고 직접 시험해보도록 함.		

라. HELPING에 대한 코치의 효과적인 질문 예시

» 세부 실행 계획은 해결 방안을 실행하는 데 있어 빠짐없이 구체적으로 수립되었는가?

» 실행에 필요한 자원은 충분히 확보되었는가?

» 이해관계자는 개별화되었는가?

» 추진 일정의 시작일과 종료일이 명확히 기술되어 있는가?

» 팔로업 플랜의 액티비티별 모터링(Motoring) 측정 지표가 명확한가?

» 액티비티별 모터링 방법이 구체화되어 있는가?

마. HELPING의 사례

사업부장: 해결 방안이 도출되었으니, 이제는 실행할 일만 남았군. 헌데 이 아이디어를 어떻게 실행에 옮길 계획인가?

김 과장: 간트 차트(Gantt Chart)와 PERT 도구를 활용해 실행 계획을 세부적으로 수립하여 실행할 계획입니다. 저 혼자 실행하기 어려운 부분은 김 대리와 윤 과장의 도움을 받겠습니다.

사업부장: 계획대로 진행되는지 스스로 관리할 수 있는 셀프 모니터링 시스템도 필요하지 않을까?

김 과장: 예, 팔로업 플랜을 짜서 일정을 철저히 관리하겠습니다.

사업부장: 김 과장! 내가 더 지원해주지 않아도 되겠나?

김 과장: 박 팀장과의 관계 개선이 개인적으로 시급합니다. 제가 사람들에게 먼저 다가가는 성격이 아니라서요. 사업부장님께서 도와주셨으면 합니다.

사업부장: 그래, 알겠네. 내가 자리를 한번 주선함세. 그런데 김 과장! 너무 무리하는 것 아닌가?

김 과장: 염려 마십시오. 잘 관리하면서 진행하겠습니다.

사업부장: 그래, 우리 모두 힘을 합쳐보자구. 나는 김 과장이 이렇게 나서주니 더 이상 미더울 데가 없네. 그리고 T.F.T 활동에 필요한 건 뭐든 이야기하게. 무슨 수를 써서든 지원해줄 테니까.

제5부

1. 프로세스 코칭을 하기 위한 코치의 조건

가. 코칭 전문가를 통해 프로세스 코칭 관련 전반적 역량을 확보한다.

나. 클라이언트의 문제점이나 애로 사항을 충분히 파악한다.

다. 클라이언트가 자신의 문제를 스스로 해결할 수 있도록 온 힘을 다해 지원하겠다고 각오해야 한다.

라. 코치의 퍼스널리티(Personality, 개인적 자질)이다. 이는 코치의 조건 중 가장 중요한 것이다. 코치는 이에 따라 스스로 실천하고 모범이 되는 롤모델(Role Model)이 되어야 한다.

2. 스팟(SPOT) 코칭 VS. 프로세스(Process) 코칭

	스팟 코칭	프로세스 코칭
목적	클라이언트의 변화와 성장	• 클라이언트의 변화와 성장 • 비즈니스 문제 해결
방법	코칭 스킬	코칭 스킬 + 코칭 프로세스
시간	수시로, 짧게	수십 분 이상, 정기적으로
클라이언트 인식	클라이언트는 코칭을 받았다고 느끼지 못할 수도 있음	클라이언트가 코칭에 동의

특징	• 코치와 클라이언트 쌍방의 부담을 덜 수 있음 • 일상생활 속에서 자연스럽게 이루어짐	• 클라이언트의 개입이 촉진됨 • 보다 근본적인 문제 해결에 접근할 수 있음

3. 코칭 프로세스는 다음과 같은 과정에 따라 이루어진다.

CHECK → OPEN MIND → ASK → COMMITMENT
→ HELPING

4. **파레토의 법칙(2 대 8의 법칙)**

이탈리아의 경제학자 겸 사회학자였던 빌프레도 파레토 (1848~1923)는 한 나라의 부(富)의 80퍼센트를 인구 중 20퍼센트에 불과한 부자들이 장악하고 있다는 연구 결과를 발표했다. 아울러 사회·경제 시스템에서 20퍼센트의 핵심 인물(요인)이 영향력 중 80퍼센트를 발휘하고 있음을 발견했다. 예를 들면 20퍼센트의 주요 고객이 구매하는 양이 백화점 전체 매출의 80퍼센트를 차지하고, 20퍼센트의 핵심 인재가 기업 성과의 80퍼센트를 일구어내며, 지인들 중 20퍼센트가 내가 받는 전화의 80퍼센트를 걸었고, 20퍼센트의 핵심 부품이 기계가 일으키는 문제 중 80퍼센트의 원인임을 밝혀낸 것이다.

제6부

사내 그룹 코칭

1. 사내 그룹 코칭의 특징

    지금까지의 코칭 방식은 코치와 클라이언트가 1 대 1인 상황을 가정한 것이다. 이번 장부터는 코치는 한 명 그대로인데 클라이언트는 다수로 구성된 경우를 다루었다. 즉, 사내 코치(선배 사원부터 임원까지)가 직접 사내의 여러 클라이언트를 코칭하는 방법들이 소개될 것이다.

    일단 1 대 1 코칭과 사내 그룹 코칭(이하 '그룹 코칭')의 전반적인 진행 프로세스와 코칭 모델은 동일하거나 유사하다. 다만 1 대 1 코칭에서는 코치와 클라이언트 사이에서만 상호 작용이 일어나는 반면, 그룹 코칭에서는 코치를 비롯한 구성원들 전체에서의 상호 작용이 동시에 일어난다는 점이다.

    여기서 '그룹'이란 넓은 의미로는 기업집단을 의미하기도 하고, 좁은 의미로는 두 명 이상으로 구성된 조직을 의미하기도 한다. 나아가 코칭에서의 그룹이란 '유사한 목적을 가지고 정보와 자원, 기술을 상호 의존적으로 공유함으로써 공동의 목표를 달성하려는 다섯 명에서 일곱 명 정도의 소규모 집단'을 말한다.

그룹 코칭에서는 클라이언트들이 코치 및 동료들과 의견을 교환한다. 이렇게 하면 서로를 코칭할 수 있을 뿐만 아니라, 팀원들이 서로 협동하여 시너지를 극대화할 수 있다. 그러나 클라이언트들 각자가 코칭의 목적과 목표가 다르고, 의식의 차이도 있다보니 갈등이 발생하면서 그룹 전체가 딜레마에 빠질 수도 있다. 그러니 사내 그룹 코치는 특성이 다른 여러 사람을 동시에 다루어야 한다는 점을 고려하여, 각 클라이언트들의 특성과 역량을 구체적으로 파악할 필요가 있다. 또한 코치 스스로 대인 관계 관련 능력을 높이고, 시스템적 관점에서 그룹 코칭 프로세스를 설계해야 한다. 그리고 그룹 코치는 집단주의 때문에 발생할 수 있는 '방관의 함정', 즉 역시너지의 늪에 빠지지 않도록 클라이언트들이 서로 협력하는 분위기를 조성해야 한다.

그룹 코칭 과정에서는 클라이언트들이 서로를 비교할 수 있다. 그래서 자신의 장단점을 효과적으로 파악할 수 있고, 경쟁을 통한 협력 방안도 스스로 깨우치게 된다. 따라서 그룹 코치는 클라이언트들 사이의 경쟁을 자극하여 상호 동기를 유발할 수 있도록 적시적소에 처방을 내려야 한다. 따라서 이번 장에서부터는 1 대 1 코칭과 그룹 코칭의 차이점, 그리고 그룹 코칭의 특징에 대해서만 소개할 것이다.

기실 지속적 성장을 통해 오늘날까지 존경을 받고 있는 우량 기업들은 오래 전부터 장기적인 비전을 수립하고, 직원들의 사기를 높이며,

기업의 문제 해결 과정에 구성원들을 직접 참여시켜왔다. 물론 이런 기업들도 '집단 의사 결정의 함정'에 빠져 더 좋은 정보를 외면하거나, 나중에 돌아보면 정말 탁월했던 결정을 유보하는 '실수'를 저지르곤 한다. 하지만 올바른 그룹은 위기 상황에서 구성원들의 팀워크를 증진시키고, 창의적이고 현실적인 방법으로 조직의 문제를 해결한다. 또한 클라이언트들이 위기 상황이나 급변하는 환경에 효율적으로 대처할 수 있는 역량을 키워준다.

이렇듯 클라이언트들의 역량을 키워주는 그룹 코칭은 크게 두 가지 영역으로 나눌 수 있다. 하나는 '학습 중심 그룹 코칭'(이하 '학습 코칭') 이며, 다른 하나는 '과제 해결 중심 그룹 코칭'(이하 '과제 코칭')이다. 학습 코칭은 과제 해결보다는 클라이언트들의 역량을 향상시키는 데 더 초점을 맞춘다. 반면에 과제 코칭은 클라이언트들의 학습보다는 과제 해결에 초점을 맞춘다. 물론 과제 코칭을 실시할 경우 과제를 해결하는 과정에서 클라이언트들의 역량도 자연스럽게 강화된다.

2. 그룹 코칭 진행 프로세스

그룹 코칭은 크게 사전 준비, 코칭 실행, 팔로업(follow-up) 등 3단
계로 이루어진다. 또한 세부 프로세스는 활동의 목적에 따라 다르게
설계되어야 한다.

그룹 코칭의 목적이 문제 해결이라면 코칭 실행 단계는 주제 선정,
문제 분석, 원인 분석, 해결안 도출, 실행 계획 수립 및 실행 단계로
구성된다. 경쟁 전략 수립이 목적이라면 산업 구조 분석, 고객 분석,
조직 역량 분석, 전략 과제 도출, 실행 프로그램 개발, 실행 및 팔로업
단계로 이루어진다.

다음 예시는 그룹 코칭의 목적이 문제 해결인 경우의 코칭 진행 프
로세스다.

가. 사전 준비

세상의 모든 일이 그러하듯이 그룹 코칭을 할 때에도 사전에 철저히 준비해야 순조롭게 마무리할 수 있다. 준비 단계에서는 클라이언트들이 왜 그룹 코칭을 원하는지, 그룹 코칭을 통해 어떤 변화를 원하는지 파악해야 한다. 즉, 그룹 코칭을 실시하게 된 배경을 심도 있게 파악해야 한다. 또한 그룹 코칭에 참여할 클라이언트들을 선정하고, 그들의 관심 사항과 애로 사항, 심리적 특성 등 기본 정보를 면밀하게 분석해야 한다.

그룹 코칭 진행 프로세스(예시)

사전 준비	코칭 실행					팔로업
	개시	문제 분석	원인 분석	해결안 개발	액션 플랜	
• 니즈 파악 • 대상자 선정 • 그룹 형성 • 코치 선정 • 스폰서 선정	• 일정 소개 • 목적과 목표 공유 • 라포 형성 • 주제 선정 • 팀 차트 작성 • 역할 분장 • 활동 계약 • 조인식 • 성찰	• 전단계 과제 리뷰 • 문제 도출 • 문제 평가 • 핵심 문제 선정 • 성찰	• 전단계 과제 리뷰 • 원인 도출 • 원인 평가 • 근본 원인 선정 • 성찰	• 전단계 과제 리뷰 • 해결안 도출 • 해결안 평가 • 우선순위 신징 • 성찰	• 전단계 과제 리뷰 • PERT 작성 • 간트 차트 작성 • 성찰	• 모니터링 • 평가 • 문제점 분석 • 개선안 도출 • 보고 및 성찰 • 공유 및 전파

특히 클라이언트들의 성격, 자아, 행동 유형을 파악하는 데 필요한 MBTI, TA, DISC 등 진단용 도구를 활용해 구성원들의 심리적 특성을 미리 파악해 놓는 것이 좋다. 그렇게 하면 실제 코칭에서 매우 유

용하게 활용할 수 있기 때문이다. 이 단계에서는 코칭 그룹의 리더와 스폰서를 선정하는 과정이 필요하다. 스폰서는 사내 코치보다 상위인 사람이 그 역할을 맡는다. 스폰서는 그룹 코칭에 참가한 클라이언트들을 격려하고 지원하는 중요한 위치의 사람이다. 코칭을 실행하는 과정에서 버틀넥(bottleneck, 장애 요인)이 발생했을 때 이를 해결하는 것도 스폰서의 중요한 임무다.

그룹 코칭은 회사가 특정한 목적을 가지고 실행하는 경우가 많다. 예를 들면 전사적 이슈의 해결이라든가 전략 과제 해결 등 회사의 주요 문제를 다루는 경우가 많다. 따라서 코치는 회사가 코칭에 거는 기대와 추진 배경 등을 충분히 이해하고 숙지해야 한다. 또한 회사 및 업계의 현황과 경영 정보, 동향 등도 구체적으로 파악할 필요가 있다.

사전 준비 단계에서는 경우에 따라 과제 해결 중심 그룹에서 해결해야 할 주제를 킥오프 미팅(kick off meeting), 개시 모임 전에 혁신 부서라든가 경영 전략 본부 등에서 미리 선정하는 경우가 있다. 주제는 비즈니스 이슈(business issue)를 바탕으로 도출한다.

나. 코칭 실행

1) 1차 세션 – 킥오프 미팅

전체적인 진행 절차와 방법과 일정 등을 안내하고, 참가자 상호 간에 인사를 나누며, 코칭에 참가하는 마음가짐 등을 공유한다. 진행 일정은 가급적 6개월을 넘기지 않도록 하며, 매월 2~4회 정도 실시한다. 특히 이 단계에서는 '솔직성'과 '무조건적 수용', 그리고 '공감적 이해'를 위한 '라포 형성하기'를 해야 한다. 1 대 1 코칭과 달리 클라이언트들 간의 상호 작용이 매우 중요하기 때문이다.

라포를 형성하기 위한 또 하나의 중요한 요건은 코치에 관한 것이다. 즉, 코치가 마음을 터놓고 이야기할 수 있는 사람임을 클라이언트들에게 인식시켜 코치에 대한 경계심을 풀도록 하는 것이다. 이를 위해서는 먼저 코치 자신이 참가자들의 감정과 동향을 세심하게 살펴야 한다.

라포가 어느 정도 형성되면 코칭의 목적과 목표를 공유한 후 팀 차트를 작성한다. 그리고 클라이언트들 간의 역할 분담을 실시하며, 팀 코칭에 적극적으로 참여하겠다는 '활동계약서 작성' 조인식을 실시한다. 활동계약서는 클라이언트 각자의 다짐이 담긴 사명서이며, 스폰서가 승인한다. 이 활동계약서의 내용에는 스폰서의 지원과 격려 사항도 포함되어야 한다.

2) 지난 세션 리뷰(Review)

지난 세션의 과정과 결과에 대한 점검 단계다. 이 과정에서는 잘했던 점, 개선해야 할 점, 시사점, 느낀 점 등을 클라이언트들끼리 공유한다. 그리고 이를 바탕으로 향후 그룹 코칭의 방향성을 설정한다.

3) 다음 세션 코칭 실시

세션 수행에 필요한 프로세스와 방법론을 설명하고, 클라이언트들

간의 깊은 토론을 실시하도록 코칭한다. 이때 활발한 질문과 답변이 오갈 수 있도록 열린 분위기를 조성하는 것이 중요하다.

개방형 질문을 권장하고, 폐쇄형 질문은 지양한다. 폐쇄형 질문이 나오면 이를 개방형 질문으로 전환할 수 있도록 코치가 유도해야 한다. 이때 코치는 참가자들의 말과 행동으로부터 그들의 욕구, 감정, 느낌 등을 주의 깊게 살피고, 이를 코칭에 적극 활용해야 한다.

또한 긍정적 피드백과 발전적 피드백을 통해 클라이언트들끼리 서로 동기를 자극시키도록 코치가 적절히 토론에 개입해야 한다.

4) 학습 내용 정리·공유 및 현업 적용 합의

세션의 종료 시점에 팀의 리더가 세션에 대한 종합 정리하도록 하고, 클라이언트들은 그 내용을 공유하도록 한다. 그리고 학습 효과와 과제에 대한 실행력을 높일 수 있도록 현업 적용 계획을 수립한다.

5) 성찰

그룹 코칭이 일반적인 워크숍이나 컨설팅과 다른 점은 성찰 과정이 있다는 것이다. 즉, 해당 세션을 돌아보면서 느낀 점과 개선해야 할 점 등을 각자 정리한 후 다음 세션을 준비하는 단계가 있다는 점이다. 세션에 대한 계획을 세우는 일은 다음 세션의 성패를 좌우할 만큼 매우 중요하다.

다. 팔로업

코칭 실행이 종료되면 전체 프로세스와 결과를 평가하고, 이를 조직 내 성과로 연결되도록 지속적으로 다음과 같은 관리를 해야 한다.

- » 모니터링
- » 종합 평가
- » 조직 진단(필요시)
- » 문제점 분석
- » 개선안 도출
- » 종합 보고
- » 표준화
- » 전파 및 공유
- » 조직 내 확산 계획 수립

3. 신뢰 구축

그룹 코칭은 1 대 1 코칭과 달리 팀시너지(team-synergy, 팀 전반의 상승 에너지)를 활용한다. 따라서 코치와 클라이언트들 사이의 다중적 관계를 효과적으로 연결시켜 팀 전체의 에너지를 극대화하는 작업이 필요하다. 이러한 과정에서 갈등과 선의의 경쟁이 발생하고, 상대방에 대한 부정적 선입견이 형성될 수도 있다. 물론 몇몇 클라이언트들은 그룹 코칭을 시작하기 전부터 오랫동안 지속적인 관계를 형성해온 경우도 있고, 또한 코칭을 시작하면서 처음 관계를 맺는 경우도 있을 것이다. 그러나 이 장에서 이야기하는 가장 중요한 덕목은 클라이언트들 간에 신뢰의 탑을 굳건히 쌓는 일이다.

그룹 코치 구성원들 간 신뢰 구축을 위한 활동은 다음과 같다.

첫째, 서로 양보하는 미덕이 바탕이 되어야 한다.

팀 활동을 하다 보면 자신의 주장을 너무 강하게 주장하는 경우가 있다. 아무리 그 주장이 객관적 근거에 의거하더라도 상대방을 이해하고, 상대방의 의견을 존중하고, 때론 한 발 물러서서 좀 더 객관적으로 문제나 상황을 살펴볼 필요가 있다.

둘째, 공동의 목표를 설정하고, 이를 공유해야 한다. 목표가 올바르게 정의되고 구성원들 사이에서 공유되어야 한 방향 정렬을 할 수 있다. 목표가 수립되어야 얼마만큼의 자원과 역량을 투입할 것인지도 결정할 수 있다. 한라산을 등반하는 것과 히말라야를 등정하는 것은 완전히 차원이 다른 문제이기 때문이다.

한라산은 가벼운 운동복에 초코바 하나만 들고도 등반이 가능하다. 하지만 에베레스트 산을 등반할 때는 사전에 충분한 등반 훈련과 체력 관리, 고산증에 대비한 약과 구급약, 함께 등반하는 사람들끼리의 팀워크 훈련, 산 아래로의 통신 수단 등 비상시 조치 방안 등을 준비하지 않으면 등정 시작부터 불가능하다. 목표 설정은 그룹 코칭에서 나침반이라든가 좌표처럼 매우 중요한 과정이라 할 수 있다.

셋째, 그룹 내에서는 수평적 커뮤니케이션이 활성화되어야 한다. 그룹 코칭은 코치 및 클라이언트들 간의 상호 작용이 매우 중요하다고 언급한바 있다. 그래야만 모든 사람이 동등한 권한과 책임을 가질 수 있기 때문이다. 수직적 관계가 되면 파워(Power)가 한쪽으로 치우쳐지면서 그룹이라는 함선이 균형을 일을 수 있다. 균형을 잃게 되면 그룹은 곧 좌초되고 만다.

넷째, 코치는 그룹 구성원들과 긴밀한 유대감과 신뢰를 구축해야 한다. 그들의 잠재력과 장점을 무조건 믿어야 한다. 코치는 코칭 기술뿐만 아니라 코칭 대상들이 속한 조직의 비즈니스 시스템을 이해하고, 그들이 가지고 있는 역량을 존중하는 마음을 가져야 한다. 그들을 가르치려고만 하면 결코 그들과 신뢰감을 형성할 수 없다. 그리고 코치는 구성원들 간의 시너지 창출을 위한 노력도 함께 해야 한다.

자신의 비전을 명확히 수립하라.

인간에게는 식욕, 성욕, 수면욕이 있다. 이 세 가지 욕구만으로는 인간과 동물을 구분지을 수 없다. 인간과 동물을 가장 쉽게 구분할 수 있는 것은 따로 있다. 인간은 비전을 가지고 있다. 비전은 미래의 바람직한 모습을 현재에서 바라보는 것이다. 흔히 말하는 꿈과는 다소 차이가 있다. 꿈은 머릿속의 상상에 머무는데 반해, 비전은 문장으로 기술되어 구체화된 것이기 때문이다.

비전은 내 인생의 나침반이다. 나로 하여금 방향성을 갖게 해주고, 삶의 동기를 부여해주며, 그것이 달성되었을 때는 높은 성취감과 성과를 얻을 수 있기 때문이다. 허나 우리는 의학 용어인 '터널비전(tunnel vision)'이라는 말에도 주목할 필요가 있다. 터널비전은 터널에 들어가면 터널 끝의 빛만 보는 것을, 줄곧 한곳만 바라보는 것을 의미한다. 그러니까 터널비전에 빠진 사람은 줄곧 한곳만 바라보게 되면서 돌이킬 수 없는 상황에 빠질 수 있다. 늦지 않게 상하좌우를 모두 볼 수 있도록 판단력을 유지해야 한다.

지구의 최고봉인 에베레스트 산(해발 8,848미터)을 등반하려면 산 중턱 곳곳에 베이스캠프를 설치해야 한다. 세계적 등반가인 에드먼드 힐러리 경(1919~2008)이 1953년에 처음으로 에베레스트 산에 올랐을 때는 해발 2,000미터에 베이스캠프를 설치했다. 그로부터 1977년까지 등반가들 사이에서는 그 지점에 베이스캠프를 설치하는 것이 당연한 것이 되었다. 즉, 더 높은 곳에 베이스캠프를 설치하려는 생각을 아무도 하지 않은 것이다. 그래서 힐러리 경을 포함하여 에베레스트 산 등정에 성공한 사람은 단지 여덟 명뿐이었다. 1977년 이후부터 베이스캠프를 해발 6,000미터에 설치하기 시작하자, 200여 명이 등반에 성공했다.

비전도 마찬가지다. 어느 정도로 어떻게 잡을 것이냐도 매우 중요하다. 비전의 크기에 따라 준비해야 할 것도 달라지기 때문이다. 한라산에 오를 것인가? 아니면 에베레스트 산을 등반할 것인가? 어디에 가느느냐에 따라 우리가 준비해야 할 것들도 완전히 달라진다. 한라산에 오르기로 목표를 정했다면 준비할 게 아주 적지만, 에베레스트 산을 등반한다면 상당히 많은 것을 준비해야 한다. 즉, 비전에 따라 우리가 준비하고 갖춰야 할 요소와 역량도 달라진다는 얘기다.

비전을 실현하려는가? 그렇다면 현재의 삶에서 최선을 다해야 한다. 작은 것도 소중히 여겨야 한다. 그리고 그 작은 것부터 하나하나 실천하는 자세와 행동도 필요하다.

4. 테러리스트를 전도사로

　사내 코치가 부하들로 구성된 그룹을 코칭하더라도 반드시 '테러리스트'가 있기 마련이다. 물론 그룹 코칭에서의 테러리스트는 '대안이 없는 비난이나 비평을 하는 클라이언트'를 말한다. 그런 클라이언트는 자신이 독설을 털어놓는 비평가인 척하지만, 기실 '진짜배기'는 대안과 문제의식을 모두 갖추고 있다.

　잘 알고 있겠지만, 비평가와 테러리스트를 구분하기는 매우 어렵다. 왜냐하면 대중은 대안을 가지고 독설을 하는 비평가도 테러리스트로 단정하기 때문이다. 그러나 그룹 코칭 프로세스에서 비평가는 매우 중요한 인물이다. 프로세스 내의 문제를 발견할 줄 알기 때문이다. 물론 비즈니스 이슈를 해결하는 데 있어 '문제 발견'은 '해결 방안'이라는 목적지로 가는 진격로 상의 교두보와 다름없다.

　그러나 부정적인 것은 긍정적인 것보다 훨씬 더 빨리 그리고 강력하게 전파된다. 사실 여부를 떠나서 말이다. 자극적인 내용의 언론 기사나 블로그 포스트, 트위터·페이스북의 글이 순식간에 일파만파 확산되고, 막장 드라마가 방송계의 대세인 것을 떠올려보라. 이는 사람들이 긍정적인 것보다 부정적인 것에 좀 더 쉽게 반응하도록 설계되어 있기 때문이다. 결국 테러리스트인 클라이언트들이 퍼뜨리는 부정적인 내용 때문에 코칭 그룹 전체가 순식간에 '부정'이라는 핏빛으로 채색된다. 테러리스트들은 시기심도 강해서 다른 클라이언트의 말에 귀를 기울이지 않는다. 물론 시기심은 협력의 장애 요소다.

그럼 테러리스트들을 코칭 그룹에서 '닥치고 추방'하는 것이 옳을까? 아니다. 사내 코치는 테러리스트인 클라이언트가 혁신과 창조의 전도사가 되도록 혼신의 힘을 쏟아야 한다. 예수를 믿던 사람들을 박해하던 사울을 예수께서 위대한 전도사 바울로 거듭나게 하셨듯이 말이다. 그러면 사내 코치는 테러리스트들을 어떻게 긍정과 혁신의 전도사로 탈바꿈시킬 것인가? 그 답은 다음과 같다.

1. 코치는 먼저 이들이 거울에 반사된 자기의 모습을 객관적으로 인식하게끔 해야 한다. 자신의 부정적 견해와 행동이 팀 전체의 활동에 어떻게 영향을 미치는지 깨닫도록 해야 한다. 즉, 테러리스트인 클라이언트가 손거울로 자신의 말하는 방식과 행동과 성품을 살피게 해야 한다. 그러면서 잠망경으로 그룹의 동료들이 그에 대해 어떤 생각을 하는지 살펴보게 해야 한다. 아울러 그 개인의 역량을 조직의 역량으로 어떻게 승화시키는지까지 분석하게끔 해야 한다. 즉, 그

들 스스로 "나는 누군가?"라는 질문을 던지고 답도 찾게 해야 한다.

2. 코치는 테러리스트와 다른 클라이언트들 간의 갈등, 그로부터 파생한 감정을 이해하고 인정해주어야 한다. 조직은 시너지 창출을 위해 각양각색의 사람들로 구성된 작은 사회다. 그리고 어느 집단이든 갈등이 있게 마련이고, 역사는 대중이 이러한 갈등을 극복하면서 성장해왔음을 기억해야 한다. 갈등이 없는 조직은 고인 채 썩어가는 물과 같다. 갈등은 물속의 수초이며 자갈이고 여울이다. 이런 것들은 물을 맑게 하는 정화 장치다. 따라서 코치는 테러리스트들이 일으키는 갈등을 이해하려고 노력해야 한다.

3. 사내 코치는 테러리스트가 용납할 수 없는 발언이나 행동을 하는 경우 코치 자신의 감정을 그에게 그대로 전달하거나 적극적으로 개입해야 한다. 클라이언트의 잘못된 행동이 조직의 팀워크를 얼마만큼 저해하는지를 인식하게 해야 한다. 물론 여기서 말하는 '개입'이란 간섭과는 다르다. 개입은 문제 해결이 목적이지만, 간섭은 통제를 위한 것이기 때문이다. 그리고 코치가 자신의 감정을 전달하거나 개입할 때는 먼저 그들을 이해하고 인정해야 한다.

5. 각양각색의 사람들을 균형 있게 다루기

어떤 조직에든 각양각색의 사람들이 있기 마련이다. 남을 지배하려는 사람이 있는가 하면, 변화를 싫어하거나 숫제 말이 없는 사람도 있다. 또한 독립적으로 일하는 것보다는 여러 사람과 어울려서 일하는 것을 선호하는 사람도 있고, 결정을 할 때 매우 신중한 태도를 보이는 사람도 있다. 조직은 이러한 다양성에 기반을 둠으로써 시너지를 창출하고 진보한다. 하지만 이러한 다양성은 구성원들이 조화와 균형을 이룰 때에나 가치가 있다. 코치는 자신과 클라이언트들이 조화와 균형을 이루도록 다음과 같은 적절한 개입을 해야 한다.

1. 다른 이를 지배하려는 마음이 지나친 사람 다루기 - 이런 사람들의 지배적인 행동을 그대로 방치하면 그룹 활동은 큰 차질을 빚게 된다. 따라서 사내 코치는 동료 클라이언트들을 지배하려는 사람의 행동에 적극적으로 대처해야 한다. 즉, 코치는 좀 더 강력한 주도권

을 가지고서 조직의 안정감을 높이는 전략을 수립하고 실행해야 한다. 다른 사람들과 함께 일하는 것이 왜 중요한지, 그룹 활동이 어떻게 유익한지를 그에게 설명해준다. 아울러 다른 사람들의 의견을 물어보거나 할 말이 있어 보이는 사람에게는 이야기 할 기회를 많이 준다.

2. 논리에 너무 치우친 사람 다루기 – 논리적인 사람들 중에는 이성적인 사람들이 많다. 이들은 대부분의 사람들이 감정을 느끼는 상황에서도 감정의 폭이 제한되어 아무런 감정을 느끼지 못하는 경우가 종종 있다. 팀 활동에서는 상호 작용이 매우 중요한데, 논리적인 사람들은 개인에게 주어진 과업에만 집중한 나머지 다른 사람들이 그들의 감정 내부에 들어갈 틈을 주지 않는다. 이런 사람들을 팀 활동에 적극적으로 참여시키려면 사내 코치가 중장기적 계획을 세우고 차근차근 진행해야 한다. 물론 논리적이라고 해서 감정이 전혀 없는 것도 아니다. 단지 다른 사람들이 그들의 감정을 읽어내는 것이 어려울 뿐이다. 따라서 사내 코치는 그들의 말과 행동에서 감지되는 작은 신호도 놓치지 않고 관찰해야 한다. 사내 코치뿐만 아니라 팀원들도 그들의 작은 반응에 귀 기울이고, 그들의 감정을 수용하려는 노력을 기울여야 한다.

3. 변화에 둔감한 사람 다루기 – 그룹 활동을 하다 보면 위험을 회피함으로서 그룹 활동에 전혀 도움이 되지 않는 사람을 가끔 발견하게 된다. 이들은 독립적이지 못하고, 진취성도 부족하다. 물론 팀의

구성원들이 반드시 모든 일을 함께해야 하는 것은 아니다. 때때로 독립적으로 업무를 수행하는 것이 더 효과적일 때도 있다. 그리고 잘 보면 이들이 가장 중요하게 여기는 가치가 '안정'임을 알 수 있을 것이다. 따라서 이들에게 새로운 역할을 부여할 때는 안정될 것임을 보장해줄 필요가 있다. 물론 "변화하지 않으면 성장할 수 없네!" 같은 충고도 해주어야 한다. 다른 사람의 도움 없이 독립적으로 업무를 수행해야만 하는 상황도 발생할 수 있다는 것도 분명하게 인식시켜주어야 한다.

6. 성찰하기

'성찰'은 반성과는 다르다. 반성은 잘못한 말이나 행동에 대해 단순히 뉘우치는 것을 말한다. 하지만 성찰은 잘못을 뉘우치는 것으로 끝내는 것이 아니라, 똑같은 일을 반복하지 않고 뉘우침을 거울로 삼아 앞으로 더 성장하고 발전하겠다는 의지를 포함하고 있다.

사내 코칭에서 성찰은 매우 중요한 의미를 갖는다. 이 점은 '성찰'이 바로 일반적인 문제 해결 과정과 다른 점이기도 하다. 그러면 성찰은 언제 어떤 방법으로 실시하는 것이 좋을까?

성찰은 한 세션이 끝날 때, 그리고 팀 활동이 모두 마무리되는 단계에서 실시한다. 즉, 클라이언트들 스스로 한 세션 또는 팀 활동 전반을 비판적으로 돌아보면서 배운 점과 느낀 점, 자신에 대한 평가 등을 하는 과정이다. 그러므로 사내 코치는 아래의 질문에 따라 클라이언트들이 서로 이야기하고 토의함으로써 성찰하게 한다.

1. 무엇을 어떤 과정을 통해서 배웠는가? _ 지난 과정에서 무엇을 어떻게 배웠는지 이야기하게 한다.

2. 왜 배워야 했나? _ 그렇다면 그것을 내가 왜 배워야 했는지 이야기하게 한다.

3. 이전에 알던 지식이나 경험과 어떤 차이가 있었는가? _ 이전에 자신이 알던 것과는 어떻게 다른지 이야기하게 한다.

4. 새롭게 습득된 지식과 경험을 이전의 지식과 어떻게 통합시키고 발전시킬 것인가? _ 새롭게 알게 된 자신의 지식과, 이전에 알던 것들을 어떻게 통합하고 발전시킬 것인가를 이야기하게 한다.

5. 새롭게 배우고 느낀 것을 어떻게 적용할 것인가? _ 자신이 배우고 새롭게 도출해낸 아이디어를 어떻게 현업에 적용시킬지 이야기하게 한다.

6. 자신이 팀 활동에 어떤 기여를 했으며, 팀원들은 어떤 기여를 했는가? _ 자신과 팀원들의 팀 활동 기여도를 이야기하게 한다.

이와 같이 팀원들이 자기 성찰의 시간을 갖고서 서로 이야기하게 하면 개인과 팀의 목표가 명확해진다. 그럼으로써 상호 학습을 촉진하는 효과도 얻을 수 있다.

제6부

1. 학습 중심 그룹 코칭 VS. 과제 해결 중심 그룹 코칭

가. 학습 중심 그룹 코칭: 과제 해결보다는 구성원들의 역량을 향상시키는 데 초점을 맞춘다.

나. 과제 해결 중심 그룹 코칭: 학습보다는 과제 해결에 초점을 맞춤으로써, 과제를 해결하는 과정에서 구성원들의 역량이 자연스럽게 강화되도록 진행한다.

2. 클라이언트와의 신뢰 형성 Tip

가. 서로 양보하는 미덕이 바탕이 되어야 한다.

나. 공동의 목표를 설정하고, 이를 공유해야 한다.

다. 그룹 내에서는 수평적 커뮤니케이션이 활성화되어야 한다.

라. 코치는 클라이언트의 잠재력과 장점을 무조건 믿어야 한다.

3. '성찰하기' 질문

가. 무엇을 어떤 과정을 통해 배웠는가?

나. 왜 배워야 했는가?

다. 이전에 알던 지식이나 경험과 어떤 차이점이 있었는가?

라. 새롭게 습득한 지식과 경험을 어떻게 발전시킬 것인가?

마. 새롭게 배우고 느낀 것을 어떻게 적용할 것인가?

바. 자신은 팀 활동에 어떤 기여를 했는가?